New
window

新視野218

克莉絲汀‧梅因澤
Kristen Meinzer———著

曾琳之———譯

So You Want to Start a Podcast

開始 Podcast

**千萬收聽製作人教你內容規劃、
主持、上架指南**

高寶書版集團

CONTENTS

CONTENTS

CONTENTS

前言

你是一個很棒的人，是的，剛打開這本書的你，嗨，就是你。我想告訴你一些事情，一些你應該要聽到，卻聽不夠多的事情：我相信你。我相信你有很棒的故事，而且有很多人會想聽這些故事。我相信你很特別，請你永遠不要讓任何人用負面的話打擊你。

當然，問題不在於你是否出色（你是），而是你是否想將你的個人特色轉化為一個 Podcast 節目。這也是我寫這本書的第一個主要目的：幫你搞清楚這個問題的答案。第二個目的，是如果 Podcast 節目是你內心真正的渴望，那麼我將幫助你實現它。

現在，你可能會說：「我當然想開始做 Podcast ！這是我拿起這本書的原因！你為什麼還要質疑我的目的？」

因為 Podcast 很難，親愛的讀者，這就是為什麼。Podcast 可能會讓你很頭痛，它會讓你納悶，之前怎麼會認

為這是一個好主意。我希望你不只有知道那些即將到來的樂趣，而且還要了解實現這些樂趣所需做的工作。我希望你比我剛開始做 Podcast 時做得更好。我想讓你知道，我和其他人都是你的資源。

先警告你，我會問一些棘手的問題，在我看來，為了盡其所能地做出最好的 Podcast 節目，每個 Podcast 產業的人都應該問自己這些問題。這些問題將涉及一些心靈上的探索，我也希望你能認真思考。

無論你最後打造出下一部成功的《Serial》（懸疑罪案），還是只為家人和最親近的朋友做一段短短的節目，都請你記住：你已經很棒了。

> 為什麼是我？ 也就是，我憑什麼給你建議？

你可能會問，這位說我很棒，同時又警告我的人，是誰？她對我有什麼了解？更重要的是，她對 Podcast 節目有什麼了解？

首先且最重要的是，我是 Podcast 節目的主持人。在過去十年中，我主持了三檔成功的 Podcast 節目，這些聽眾加

起來超過一千萬人。其中的第一檔節目《Movie Date》（來場電影約會）是由紐約公共電台（WNYC）製作，紐約公共電台也是《Radiolab》（空中實驗室）、《Death, Sex, and Money》（死亡、性與錢）背後的製作團隊。《Movie Date》播出了六年，觀眾數不多，但上節目的來賓名單卻很引人注目，包括史嘉蕾・喬韓森、瓊・瑞佛斯、克莉絲汀娜・漢卓克斯、詹姆斯・法蘭科、克里夫・歐文、塔拉吉・P・漢森，以及其他眾多著名且受人尊敬的演員、導演和編劇。在每週的節目中，我親愛的主持搭檔雷夫・高茲曼（Rafer Guzman）會和我一起採訪知名影星、評論新的電影，用電影中的細節讓聽眾玩小遊戲，並提供聽眾我們所謂的「電影療法」。聽眾會寫信或來電訴說他們生活中的問題，而我們會回覆給他們一份電影清單，做為幫助他們度過難關的處方。

我接下來主持的兩個 Podcast 節目，是跟 Panoply 平台合作。其他透過 Panoply 製作的著名節目包括《Revisionist History》（挑戰歷史）、《You Must Remember This》（你必須知道這段好萊塢）和《Happier with Gretchen Rubin》（與葛瑞琴・魯賓一起擁抱更快樂的生活）。

我所主持的其中一檔節目是《When Meghan Met Harry：

A Royal Weddingcast》（當梅根遇上哈利：皇家婚禮預測）特別設計成短期的 Podcast 節目。顧名思義，這是針對哈利王子和梅根‧馬克爾的皇室婚禮的倒數計時，有點像是為期六個月的愛情故事報導。我和我的夥伴詹姆士‧巴爾（James Barr）每週都會討論最新的頭條新聞、訪問專家、解釋各種皇室禮節規矩，並預測婚禮當天的情況。這個節目引起了國際性的關注，讓我們打入英國廣播公司（BBC）、加拿大廣播公司（CBC）、旅遊生活頻道（TLC）和美國國家廣播公司（NBC）等多個媒體網絡。它被《時代》雜誌（Time）選為前 50 名 Podcast 節目，被《柯夢波丹》雜誌（Cosmopolitab）評為前 40 名 Podcast 節目，並在其他數十家媒體的管道上曝光。《When Meghan Met Harry：A Royal Weddingcast》甚至出現在 2018 年 5 月的英國航空班機上。

然後，是我自己很喜歡，且持續與我的好友喬蘭塔‧格林伯格（Jolenta Greenberg）一起主持的《By the Book》（根據這本書）節目。《By the Book》有一部分是真人實境秀，有一部分是勵志與自助的 Podcast 內容，目前快播完第五季，在我看來，《By the Book》改變了 Podcast 節目的形式。在每一集的節目中，喬蘭塔和我會挑一本自助的書籍，依據這本

書建議的方式生活兩週，然後評論這本書是否真的可以改變人生。在過程中，我們會依照每本書所建議的飲食方式去進食，依照書中建議的穿著做打扮，改變我們的睡眠習慣、所使用的詞彙，甚至改變我們的性生活。就像你在電視上看到的所有真人實境節目一樣，我們會把自己的狀態錄下來，無論是在家裡、在工作，還是與丈夫和朋友在一起時，無論我們是處於最佳狀態或是最糟糕的狀態。《By the Book》屢屢登上「最佳」的排行榜，它被美國全國公共廣播電台（NPR）評選為第 9 名的 Podcast，被 BuzzFeed 網站評為第 21 名，並被《紐約時報》（New York Times）選入「Podcast 俱樂部」（Podcast Club）。

雖然大家最熟知的是我的主持工作，但同時我也是 Podcast 製作人。我製作了每天直播的全國新聞節目，有關食物、企管、音樂、教育和心理健康的 Podcast。我曾經與知名主持人一起參與屢獲殊榮的節目，並為知名品牌製作 Podcast，我甚至協助製作了幼兒參與的有聲節目計畫。我所製作的節目包括《Happier with Gretchen Rubin》、《Happier in Hollywood》（更快樂的好萊塢生活）、《Girl-boss Radio》（女性當家電台）、《The Sporkful》（一大口美食）、《Food52's

Burnt Toast》（Food52：烤焦吐司）、《浮華世界》雜誌（Vanity Fair）的《Little Gold Men》（小金人）、《Soundcheck》（聲音測試）、《Inc. Uncensored》（Inc.：不受限制），以及，《Real Simple》（生活超簡單），這還只是其中一部分而已。

在這些節目之中，所做的工作不只是腳本編寫、邀請來賓、設備工程、訓練主持人和剪輯錄音檔，我還做節目發展的工作。我會為節目設計一開始的概念或形式。在我投入有聲的節目之前，我也為美國 CBS 電視台做節目發展的工作，而且我持續以合約合作的形式，為客戶提供這項服務。

在錄音室之外，我也同時在哥倫比亞大學（Columbia University）、布魯克林學院（Brooklyn College）、紐約市立大學的克雷格・紐馬克新聞學院（Craig Newmark Graduate School of Journalism at CUNY）和亨特學院（Hunter College）等知名機構教授有聲節目製作的課程；在布魯克林歷史學會（Brooklyn Historical Society）定期演講，演講的內容是關於歷史與流行文化的探討；曾以評論員的身份出現在 BBC 與 CBC、Vox 新聞評論網站、澳大利亞廣播公司（Australian Broadcasting Corp.）、紐西蘭國家廣播電台（Radio New Zealand）、多個《Slate》媒體旗下的 Podcast 節目、多個紐

約公共電台（WNYC）的節目之中，以及其他許多不分規模大小的節目和媒體管道。我平均每個月會有一次論壇演講。我最近參與的論壇包括「BlogHer Creators Summit」（女性部落客創作者峰會），「Podcast Movement」（Podcast 趨勢），IAB（互動廣告協會）的「Podcast Upfront」（Podcast 預演會），「Werk It」（創作者年會）和「On Air Fest」（現正播出藝術節），而出席演說的人數從幾百人到幾千人不等。

我在媒體與出席論壇活動的所有曝光，加起來有成千上萬的人聽到與看到我說話。每一週，有超過一千四百萬人收聽《All Things Considered》（萬事皆曉）廣播節目，而我多次出席這個節目。曾經有六年的時間，我定期在每週五紐約公共電台（WNYC）的廣播節目擔任來賓，有兩百萬人因此聽到我的談話。旅遊生活頻道（TLC）在 2018 年 5 月播出長達三個小時的皇家婚禮紀錄節目，這個節目有數百萬人觀看，而我也出現在此節目中。因為我曾擔任知名作家葛瑞琴・魯賓的製作人，並且偶爾會上她的節目擔任來賓，有成千上萬她的粉絲認識我。

我有資格，而且更重要的是，我可以幫助你。

> 在這本書中，你可以獲得的是……？在這本書中，你不
> 會看到的是……？

　　朋友們，我衷心希望這本書對你來說不僅僅是 Podcast
的指南書。我的夢想是這本書將成為你尋找自己的話語所需
的動力，這本書將讓你更肯定你的故事的重要性，這本書將
在你最沮喪的時候，成為你所需要的啦啦隊。

　　但是除了建議、鼓勵和愛之外，這本書還會談到那些辛
苦的工作：創意發想、確認方向、擬定結構、說故事、進行
自我探索，以及優秀 Podcast 節目該具備的所有其他要素。
我在這裡說的是藝術，是用心，是工藝。我說的是大多數指
南書、部落格文章和清單式文章所沒有談到的內容。

　　坦白說，我希望這本書同時提供給你資訊和自我肯定。
我希望它可以成為一個工具箱，在你分享自己的內心時，這
本書可以作為你的依靠和立足點。這是你應得的。

　　現在，既然我們已經談到這裡，我也必須讓你知道，這
本書不會提供給你的東西是什麼。這本書不會是技術指南，
我的意思是：

• 我不會在本書提供最新與最好的 Podcast 器材評比。是的，我會告訴你基礎的知識，我會告訴你，我認為你需要哪些設備（將比你想像的要少得多），但我不會提倡使用特定的品牌，也不會列出某系列產品和其他產品相比的優勢。

• 我在書中不會教你如何使用市面上所有的設備或軟體。我認為，使用錄音設備和剪輯軟體最好的方式，是跟某個人學習，你可以透過工作、參加工作坊、在課堂上、找私人家教或在聚會活動上學習。其次，我推薦你透過影音的方式學習。因為錄製和剪輯的工作涉及很多感官。當你在操作的時候，你的耳朵會充滿各種聲音，同時你的眼睛會看著多道進行中的音軌，而你的手指會敲擊鍵盤上的快捷鍵並用滑鼠進行調整。在操作不同品牌的軟體和設備時，你的耳朵、雙眼和手將需要以完全不同的方式操作。我不止一次嘗試自學使用各種編輯軟體，結果都是慘烈的失敗。最後，因為同事耐心地幫助我，我才能熟練剪輯軟體。給你自己同樣的禮物：其他人的幫助。

話雖如此，我真心相信，學習使用小工具是相對容易的，最困難的是其他的一切。這包括弄清楚為什麼你和全世界需要你的節目，找到你可以真實地講述你的故事的方式，並確

保你的訊息以優美且引人注目的方式傳遞出去。

你準備好了嗎？你當然準備好了。

第一部

找出定位

1

釐清你想開始做 Podcast 的原因

最初，當我和蘭塔‧格林伯格（Jolenta Greenberg）向 Panoply 提案《By the Book》的節目概念時，我們必須端出最好的提案。Panoply 是為暢銷作家麥爾坎‧葛拉威爾（Malcolm Gladwell）[1] 和葛瑞琴‧魯賓（Gretchen Rubin）[2] 這些大人物製作節目的公司。我們必須證明我們值得投資。

幸運的是，我們倆是好友，而且我們有一個好創意：一個自助理念的信徒與一個懷疑論者，將同時依據自助書的內容生活兩週。在我們依據書本內容生活的同時，也將錄下自己在工作中、在家中以及在這個世界上的生活狀況，展示這些書如何讓我們的生活變得更好或更糟。這將是一部喜劇節目！這將是一部真人實境秀！這將是一個書評 Podcast ！

1《紐約客》雜誌撰稿人及暢銷作家。出版過多本暢銷書，如《決斷 2 秒間》、《異數》。
2 多本暢銷書的作者，最受歡迎的部落客之一。《過得還不錯的一年》作者。

聽我們提案的人很感興趣，但是他們也有一個很大的疑問：「為什麼？」或者，更具體地說，「你為什麼想要開始做 Podcast 節目？」

這似乎是世界上最簡單的問題，但是，這也可能是最難的問題。不管簡單或困難，當你踏上這段旅程時，這都是你該問自己且最重要的問題。對於每一個告訴我想要開始做自己節目的人，不論對方是暢銷作家或是大學生，這都是我會問的第一個問題。

最多人給我的理由是：「因為每個人都在做。」

而當我聽到這個答案，我直覺的反應是：**這理由不夠充分**。這並不是說，我不曾因為其他人都在做，而跟風做某些事情。無論事情大小，我都做過。我容忍糟糕的男朋友，我穿不適合我身形的難看衣服，我假裝我喜歡英國喜劇。（關於英國喜劇，我要補充說明：如果你喜歡英國喜劇，我希望你享受幾千個小時的觀看和大笑。但是我討厭卑躬屈膝，而卑躬屈膝正是一半英國喜劇的內容，為什麼我會忍受不喜歡的事情多年呢？哦，因為我身邊的每個人都喜歡英國喜劇。）

這讓我回到我的觀點：「每個人都在做」——不是一個好理由。這就是為什麼幾百萬年來父母都會問他們的孩子：

「如果其他人都從橋跳下去，你也會跟著跳嗎？」在這個問題上，從古至今，身處在同儕壓力下的孩子，都會在跳下橋之前回答：「當然不會啊。」

要開始做 Podcast 節目，你需要比「每個人都在做」更好的理由。

在向 Panoply 提案《By the Book》這個節目的時候，這些是喬蘭塔跟我所給的原因：

- 我們想突破 Podcast 節目的聽覺界限。在那時，幾乎所有的節目都是從公共廣播汲取靈感，有些節目則是學習談話性廣播節目。而我們是從真人實境電視節目中找到靈感。

- 我們想以一種單純娛樂的方式，向聽眾傳遞擁有自主權且多元性的女權主義訊息，這會是複雜的一道菜，不是簡單的燙青菜。這在當時同樣很少見，大多數節目傾向對意識形態做簡單的討論（或是以獨白或演講的形式闡述）。

當然，這個問題有幾百個正確答案。這些是我聽到其他 Podcast 所給的原因：

- 我希望凝聚某項議題或某種身份認同的族群。
- 我希望將某件我熱衷的事情傳遞給其他人。
- 我希望教授某項我所具備的特定技能。（外語專業、

商管知識等）

- 我是一位企業家，將 Podcast 視為增加品牌聲量的多一種管道。

- 我想給我的讀者、受眾或客戶，多一種接觸我的創作的方式。

現在，思考一下你的「為什麼」，除了「每個人都在做」以外，你一定也有很多充分的理由。

但是，希望你的理由不包括我第二常聽到的答案。那些對於投入 Podcast 有熱情的人常會說：「我的朋友戴夫和我真的很有趣。」然後再多解釋：「不誇張，主題是什麼都無所謂，因為戴夫和我什麼事情都可以聊，我們可以讓彼此大笑好幾個小時。」

你知道嗎？當你說戴夫很有趣時，我相信你。我相信每次見到他，都會讓你想笑。而且我敢肯定你也很機智。你的雙眼閃爍著光芒，告訴我你有著敏銳的觀察力，你的見解既自謙又迷人。我喜歡你！但是，讓我們更深入地思考一下：如果沒有任何背景敘述，我是否可以了解你們的笑話？你和戴夫共有的幽默感，是否足以支撐一個 Podcast 節目？

我要在這裡提出我的意見，答案是：「不」。這並不是

說你和戴夫不應該開始做 Podcast 節目。你和戴夫很可能有潛力做出有史以來最棒、最有趣的 Podcast 節目。但是要開始你們的節目，你和戴夫必須認真思考以找到那個不會被動搖的原因。

以下是一些其他有趣的人開始做 Podcast 節目的理由：

- 我們找到了一本我爸很久以前寫的情色小說，我們想要逐章分析這本書。

- 我們想要以一種大學課程無法做到的方式，深入探討爛電影的歷史。

- 我們認為現在的新聞事件都很令人沮喪，我們知道自己可以針對時事提供有趣的見解。

- 我們熱愛真正的犯罪故事，但我們更喜歡找到幽默的切入方式，而不是為之悲傷哭泣。

希望我不會讓你和戴夫感到沮喪，而且，我希望我已啟發你們開始更具體地思考，你們想要做這個 Podcast 節目的原因。我希望你們正在寫下點子、對空揮拳，感到興奮，並且已經準備好讀下一章與再下一章了。但是在進入這些章節之前，讓我們最後談談你為什麼要開始做一個 Podcast 節目。

提示：我第一次提出這個問題時，是強調「為什麼」。

但是現在，我會將重點放在「Podcast 節目」，為什麼你想開始做一個 **Podcast 節目**？具體來說，我想請你思考，為什麼要開始做 Podcast，而不是寫部落格、寫書、經營 YouTube 頻道、經營 Pinterest 平台、持續更新 Instagram 帳號等等。

Podcast 真的是講述你的故事的最好方法嗎？你的故事是否畫面太生動，以至於 Podcast 無法完整傳達精髓？如果將故事寫下來，或是作為獨立喜劇節目的橋段，或是做成多媒體互動的形式，你的故事會有更好的效果嗎？

為了你的好創意，請你不要為了 Podcast 節目而削足適履。簡而言之，即使你有充分的理由開始做 Podcast，要呈現你的特色，這是否真的是最好的方法？如果答案是肯定的，那就繼續讀下去吧。

2

你的節目受眾是誰

你的聲音是一種禮物。你的故事是一種禮物。你的知識、幽默感、見解和經驗，全部都是禮物。

重要的問題是：你想把這些禮物送給誰？或者，更直接的問：你的 Podcast 聽眾是誰？

請記住，這是為了某個人而做的節目，如果不是的話，你就不用錄這個節目並向全世界發表了。現在，花點時間想像一下會聽你的 Podcast 節目的人。她住在哪裡？他的家庭有哪些成員？你的聽眾的一天生活，是什麼樣子？她為什麼而苦惱？他有什麼休閒娛樂？

這是我的朋友兼前同事安德里亞‧西倫茲（Andrea Silenzi）教我的一項練習，她主持了廣受歡迎的 Podcast 節目《Why Oh Why》（愛情為什麼）和《The Longest Shortest Time》（最漫長又最短暫的育兒時光）。當安德里亞在腦中

想像《Why Oh Why》的聽眾時，她想到了在現實生活中，我們兩個都認識的一個人，她叫珍妮。珍妮現在有一個男朋友，但是，一直到最近她都未訂婚。珍妮熱愛她的工作，但並不會好像是「嫁」給工作一樣。珍妮很有趣且低調。珍妮住在市區，年紀小於 35 歲。

安德里亞說，每當她對節目有關的任何事情沒有把握的時候，她就會想像珍妮。珍妮對此會有什麼感受？珍妮會了解這個笑話嗎？珍妮會支持這件事嗎？

在《By the Book》的早期，我也會做同樣的練習。我想像誰正在聽這個節目。我最常想到的，是一對友善、好笑的最佳好友，他們一個是非洲裔，一個是白人，一個是同性戀，一個是異性戀，他們是路易絲和安瓦爾。路易絲和安瓦爾並不總是覺得自己狀態很好，但是他們通常會往樂觀的方向思考。他們都沒有結婚，但是都相信真愛。每週他們都會一起看他們所沈迷的其中的一檔真人實境節目，同時一邊喝著葡萄酒或是瑪格麗特雞尾酒。他們待聽的節目清單不像是那種有著超過 30 幾個待聽節目的 Podcast 超級聽眾，他們都不是你會形容為 Podcast 超級聽眾的人。其實，路易絲和安瓦爾在過去這一、兩年才開始聽 Podcast。他們很聰明、博覽群書，

而且不喜歡聽人說教。他們以前在高中的時候，都不是那種「酷」的學生，我也不是，但是他們絕對是我現在最想花時間共處的人。我愛路易絲和安瓦爾，雖然他們都是虛構的人。我對他們有責任，他們也是我想娛樂的人，有時候，在我需要的時候，他們也是幫我擺脫困境的人。

例如，在第一季的《By the Book》，喬蘭塔和我聽到了一些憤怒的評論，他們討厭我們會在節目中爆粗口。讀者會來信評論我們「聽起來很無知」，或者聲稱我們正在用骯髒的語言破壞我們的故事。有人說，他們的使命是告訴所有認識的人，不要聽我們的節目，因為我們的節目很令人反感。

最初，這些來信讓我擔心。我們應該改變節目的形式嗎？每一集節目開始時的明確警告語是否還不夠？如果我們停止使用粗俗的語言，喬蘭塔和我讓自己每週所承受的創傷，要如何聽起來像是我們自己的經歷？這時，路易絲和安瓦爾救了我。我想像著和他們一起坐在沙發上，看著真人實境節目《Property Brothers》（地產兄弟），他們兩個對所有這些批評意見哄然大笑。

「如果有一本書強迫我要餓自己 48 小時，我也會罵髒話，」安瓦爾邊說，邊喝光他的氣泡酒。

「靠！光想這件事，就會讓我像是水手一樣罵髒話，」路易絲會這樣回答，然後幫安瓦爾重新倒滿酒。

如果路易絲和安瓦爾對於喬蘭塔和我的所作所為感到滿意，那麼，這對我來說已經足夠了。

注意：當我陷入《By the Book》的困境時，我所想到聽眾是路易絲和安瓦爾，但這並不代表著他們是我唯一在乎的聽眾。我在乎我們所有的聽眾。但是，他們是誰？

從廣義而言，我在正式會議和文件中所提出的目標受眾是：愛好勵志自助的人、討厭勵志自助的人、女權主義者和喜劇迷。他們包括：單身母親、與妻子一起聽節目的男性聽眾、意識到自己的種族偏見的白人女性、覺得自己未被其他 Podcast 主持人看見的有色人種女性、格格不入的青少年、格格不入的退休人士，以及，因為這個 Podcast 節目，而在不安全感中比較不會感到孤單的那些缺乏自信的怪咖，還有，那些渴望被愛的人，尤其是那些渴望自己的愛的人。

我在乎他們所有人，並試著對他們說話，但是我知道，如果我只是對著麥克風說話，這樣的方式沒辦法讓那些人滿意。但是，我可以做的事情，是說話的時候想著路易絲跟安

瓦爾。

現在，想像一下你自己的目標聽眾。想一下，你想要和誰一起消磨時間，或是，你想要接觸到誰。你對於目標聽眾的想像，至少要和我對於路易絲與安瓦爾的想像一樣的詳盡才行。

下一步：請你思考一下，為什麼你想像中的聽眾會選擇聆聽你的 Podcast 節目，而不是打開廣播、看電視或是聽其他的 Podcast 節目。你提供了什麼其他人所沒有的東西嗎？

以《By the Book》為例，喬蘭塔和我想到，我們可以提供勵志自助的愛好者小抄筆記，而我們可以為討厭勵志自助的人提供在雞尾酒派對時可以加油添醋的話題。我們希望自己可以提供給真人實境電視節目的愛好者，一種獲得精彩故事的新方式。我們夢想自己可以填補歐普拉所留下的很小一塊空缺。我們希望，對於那些希望以一些歡笑開始或結束自己的一天的聽眾，我們能在他們的生活中有一席之地。

我們沒有預料到的事情是，對於許多聽眾來說，我們單純就是很好的陪伴。有些人寫信告訴我們，我們就是他們在實際生活中會偷聽的隔壁桌女生，互相支持而且沒有任何跡象顯示暗藏的嫉妒或競爭。其他人則說，我們是他們虛擬的

互助小組，因為我們對自己的錯誤、缺陷、不安和成就都如此公開。甚至還有一些聽眾告訴我們，他們認為我們就像是他們所想像的朋友，這項認可對我們而言，是最高的讚譽。

在進入下一章之前，你需要考慮的最後一件事情，是你的理想的聽眾可能是你，而且就只有你自己。換句話說，你夢想的 Podcast 節目，可能真的是一部理想的有聲日記。如果是這樣，那也完全沒問題。畢竟，在這趟冒險中，其他人的耳朵都不會比你自己的耳朵更重要。

Podcast 聽眾的一些數據

來自愛迪生研究所（Edison Research），2018年 Podcast 消費者研究：

- 70% 的 Podcast 聽眾年齡介於 18 歲跟 54 歲之間。
- 男性和女性聽眾的比例幾乎相當。
- Podcast 聽眾的教育程度往往高於非收聽者，其中有 34% 的人具有某種研究所學位或大學學位，而非收聽者中只有 23% 具有某種研究所學位或大學學位。
- 51% 的 Podcast 聽眾年收入介於 75,000 美元（約等同 220 萬台幣）與 150,000 美金（約等同 440 萬台幣）之間。

3

決定節目的內容方向

我敢打賭，你對自己節目的內容已經有一些想法了。當我詢問想做 Podcast 的人這個問題時，他們通常對節目的內容都已經有想法了。但是，這些想法常常不算是一個節目真正的構想，而只是一個題材。舉例來說，過去幾年來，很多人都曾對我說過：「我想要主持一個跟電影有關的 Podcast。」

現在，讓我說清楚，我很愛電影。我在大學時花了很多時間上電影研究的課。我曾經和他人共同主持一個 Podcast，而電影就是該節目的核心。但是，「關於電影的節目」實際上根本不是一個節目。電影只是一個主題。請你思考一下，對你來說，哪一個說法聽起來更像是一個真正的節目構想：

- 一個跟電影有關的 Podcast 節目。

- 在這個節目中，根據新發行的電影，每週電影評論家都會訪問一位跟電影中角色有著相同經歷的真實人物。

如果你猜第二個選項是實際的節目概念，你答對了。實際上，這是我的朋友雷夫・高茲曼（Rafer Guzman）在 2009年底首次提出的節目構想。當時，我在一個大眾廣播節目擔任藝文新聞製作人，雷夫是《Newsday》（新聞日報）的電影評論家，是我密切合作的其中一位供稿人。

　　但是雷夫不想只是為廣播節目提供內容。「我想做一個Podcast 節目，而且我明確知道節目的內容是什麼。」他告訴我。我認為他的想法很棒。

　　我們試著向我們電台節目的高層提案這個概念，並以雷夫為主持人、我為製作人。他們同意讓我們以一部名為《Frozen》（凍劫）的電影為主，來做試播集，這部電影會在幾週內上映。這裡提到的《Frozen》並非有著歌唱橋段，以及好心且會說話的雪人的動畫卡通《冰雪奇緣》（英文片名也叫 Frozen），而是一部恐怖電影，講述三個朋友被困在滑雪纜車上好幾天，野狼就在旁邊等著他們跳到地面上，因為野狼顯然喜歡吃滑雪者。

　　我四處打探，找到某個曾經卡在滑雪纜車上 12 小時的人，如果是卡在滑雪纜車上好幾天當然比較好，但是呢，半天也算是很長的時間了。他同意接受雷夫的訪問。然後，我

進一步側錄了幾份《Frozen》的檔案，寄給這位來賓一份，雷夫和我看另外一份。這是一部非常恐怖的電影，但也讓人對這集 Podcast 節目的可能性有更多期待。畢竟，討論難看的電影總是比討論好的電影更有趣，不是嗎？但是可惜的是，在錄音時，這集內容非常無聊。

「你在滑雪纜車上的 12 個小時，都在做些什麼？」

「我就在那邊等著。」

「你有尿在褲子上嗎？」

「沒有，我有尿，但是不是尿在我的褲子上。」

「你覺得電影裡野狼的情境有多真實？」

「一點都不真實。」

你懂的。

我們的高層並不滿意，但是他們有個想法：「雷夫、克莉絲汀，你們兩個為什麼不一起主持一個節目？」

他們聽到了雷夫和我在辦公室裡討論電影，喜歡我們意見很不合，以及，我們大笑的感覺，還有，雷夫喜歡動作電影而我喜歡浪漫喜劇。他們說，我們在節目中偶爾可以有「真人」的橋段，但是他們主要希望我們每週評論新的電影，最重要的是我們的個人魅力。用他們的話說：「這個節目是一

個電影評論的Podcast，聚焦在新發行的電影，由一對朋友（一男一女）一起主持，他們對電影的看法非常不同，但是他們更常因此而大笑。」

因此，紐約公共電台的《Movie Date》就開始了。這個節目播出了6年，並隨著時間而演化加入其他的橋段，這個節目不再只是電影評論和真人訪談，還包括名人訪談、電影常識測驗以及電影愛好者的Podcast諮詢專欄「電影療法」。

是的，如果某個人要這樣說也沒關係，他可以說我們的節目就是跟電影有關。但是對於任何的廣告客戶、高層主管或媒體而言，我們節目所提供的不是只有「電影」這個單一的答案。你還記得那些高層主管怎麼形容他們對《Movie Date》的期望嗎？「一個評論電影的Podcast，聚焦在新發行的電影，由一男一女一起主持，他們對電影的看法非常不同，常常因此大笑。」

一個人就算沒有聽過任何一集，也可以認識到這是一個雙主持、好玩而且討論流行趨勢的節目。同時，這段描述也很清楚表達這個節目不會有的內容：這個節目和電影或製作公司的黃金時代無關，這個節目不會是由一位古板的學者來做演講，這個節目不會是兩個傢伙在討論科幻電影。

所以，請你思考一下，你的節目內容是什麼？如果你的第一個答案是「金錢」，請試著具體一點。例如，「我的Podcast會提供新手投資人進入股市並在股市取得成功的步驟。」或是，「我的節目為想在40歲時退休的人提供具體的建議。」

　　如果你的第一個答案是「愛情」，請更具體地思考，你想聚焦在「愛情」的哪一個面向。例如，「在我的Podcast中，我將訪問真正的夫妻，請他們分享他們結婚第一年的苦與樂。」或是，「我的節目會講述最有趣的約會故事，它們來自在網路上尋找網路約會並在過程中感到迷失的人。」

　　如果你的第一個答案是釣魚，請思考你想具體討論釣魚的什麼面相。例如，「在我的Podcast節目，我會和名人一起去釣魚，並聊聊我們最棒和最糟的釣魚經驗。」或是，「在我的節目中，我跟著一位競賽釣魚選手跑遍全國，記錄下他透過釣魚爭奪榮耀和獎金的過程。」

　　提醒：在這個時候，你們之中的某些人可能會想寫下五大段有關節目內容的文字。這是很好的練習，實際上，我非常建議你這樣做，你就開始寫吧！

　　但是當你寫完之後，我希望你將你的想法精煉成少於

一、兩句或是三句話。這些句子應該要闡述節目的概念，包括讓你的節目新穎的原因。然後，你要習慣大聲說這些句子，用快樂的語氣傳達你的概念，讓它聽起來很活潑。你有了一個具體的想法，同樣重要的是，為了將來的行銷、廣告以及宣傳，你現在也準備好「電梯簡報」（Elevator Pitch）了。

什麼是電梯簡報（Elevator Pitch）？

電梯簡報是針對產品、節目、計畫等做簡潔、活潑且具說服力的提案。一個人應該要能夠在和高階主管一起搭幾層樓電梯的短短時間內，將一個概念成功提案給對方，這個詞的概念源自於此。如果你無法讓高階主管在從一樓大廳到六樓的時間內，被說服而考慮你的提案，那麼你的簡報想必不夠清楚或是太單調乏味。

4

從對的地方找到靈感

　　過去，當我夢想成為美國下一個偉大的小說家或激進詩人時，我的老師一遍又一遍告訴我同一件事：「一個偉大的作家同時也必須是偉大的讀者。」這句話的意思，是創造力不是一條單行道。要能夠寫出絕妙的文字，一個人必須先閱讀絕妙的文字，而且更重要的是，這個人必須要享受書上的文字。

　　幸運的是，這些年來我見過的大多數作家（或讀過的訪談）都列出了許多他們喜歡的作家，包括愛麗絲·華克、海明威、伍綺詩、馬奎斯、詹姆斯·鮑德溫、卓拉·尼爾·赫斯特、卡森·麥卡勒斯、約翰·史坦貝克、村上春樹、伊迪絲·華頓、查蒂·史密斯與雅阿·吉雅西。這些作者橫跨不同種類的書籍，而且這個清單一直在增加。（我在高中時，曾經在高中文學期刊上發表過一首抑揚格五音步、反戰的新詩，

幸運的是，我至今還沒有碰到任何讀過這首詩的人。）

但是在 Podcast 產業的狀況則不太一樣，幾乎有一半向我提案 Podcast 創意的人，都列出了同樣的節目作為他們主要的靈感來源和期望目標：《This American Life》、《Radiolab》和《Serial》。這三個都是很厲害且屢獲獎項的節目，擁有大量的聽眾。另外，這三個節目都是由公共廣播電台所製作。

現在，讓我澄清一下：我愛公共廣播。我的有聲節目職業生涯（以及許多其他專業 Podcast 產業工作者的職業生涯）始於公共廣播。公共廣播電台知道如何漂亮地闡述與製作戲劇性且引人入勝的故事。而且，很多像我們這些在公共廣播電台工作過的人（不管是有意還是無意）仍然會讓那些過去的敏銳度出現在我們現在的敘事中。但是這不代表公共廣播電台的作品，就是我們所有人該效仿的模範。事實上，我會說，你應該在別處尋找靈感，原因如下：

• 平均每週只有 3,000 萬人收聽公共廣播。如果你想吸引新的觀眾，你是否應該看看其他大眾所收聽或收看的管道，並從中找到靈感，而不是只關注公共廣播？

• 考慮到有多少渴望從事 Podcast 的人都試圖要模仿公共電台的節目，你難道不應該試著做些不同的事情，來讓自

己脫穎而出嗎？

• 做一些和廣播上的節目完全不一樣的事情，聽起來不有趣嗎？當然很有趣！

以下是一些從公共廣播以外的領域汲取靈感的範例：

• 《The Walk》（步行）：這是由娜歐蜜・阿爾德曼（Naomi Alderman）所創造的沈浸式虛構故事 Podcast。一開始，《The Walk》是由英國國家衛生局（British National Health Service）所贊助、遊戲公司 Six to Start 所製作的健身手機軟體，之後，才轉化成 Podcast 的節目。在聽《The Walk》的時候，你將在第一人稱的視角中，化身為懸疑冒險主角（代號：步行者）。你的任務是帶著秘密情報穿越國界，在這個過程中，其他的角色會與你交談、引導你，有時則會欺騙你。

• 《Why Oh Why》（愛情為什麼）：這個 Podcast 節目旨在探索愛情與科技的交會點。主持人安德里亞・西倫茲（Andrea Silenzi）經常從意想不到的地方尋找靈感，並模糊虛構故事與紀實、偷窺狂與懺悔告白之間的界線。在節目中，有一個透過 Skype 通訊軟體相親約會的橋段，聽眾會自願被安排參與相親約會，並且同意被錄下對話。對於聽眾來說，

這就像是偷聽某個人的 Tinder 交友軟體約會。

• 《36 Questions》（36 個問題）：在三集的節目中，由強納森・葛洛夫（Jonathan Groff）和潔西・雪爾頓（Jessie Shelton）扮演一對感情不睦的情侶，透過詢問彼此 36 個問題，來找到他們在感情中做對和做錯的事情。這是一個只有兩個演員的音樂劇，節目名稱源自一個真實的社會實驗，這個社會實驗試圖讓兩個人的感情更加親密。

我們還有些地方可以尋找靈感呢？

• YouTube 影音平台

• Snapchat 圖片分享軟體

• 電玩遊戲

• Netflix 影片串流平台

• 職業運動賽事

靈感的來源真的沒有限制！所以，你可以在你的周遭尋找靈感，包括在雜貨店的結帳櫃檯排隊時、在你去教會時、在你遛狗的時候，以及參與社交聚會的時候。你看到什麼啟發你的事物？你想要花更多時間做些什麼活動？你怎麼把這些事情轉化成聽覺上的亮點？

美國人真正閱聽的管道是什麼？

是的，根據皮尤民調中心（Pew Research Center）2018 年 6 月 6 日的資料，在 2017 年時，平均每週有 3,000 萬聽眾收聽美國全國公共廣播電台（NPR）的節目。但是，將其與以下相比：

- 電視：每戶美國家庭每天觀看超過 7 小時 50 分鐘的電視。

  資料來源：艾力西斯·C·馬蒂葛（Alexis C. Madrigal）於《大西洋雜誌》（The Atlantic），2018 年 5 月 30 日。

- Netflix：全球有 1.39 億人訂閱 Netflix 的串流服務。

  資料來源：來自 Netflix 於 2019 年 1 月 17 日給股東的信。

- YouTube：全球的觀眾每天觀看超過 10 億小時的 YouTube 影音。

  資料來源：里奇·麥考密克（Rich McCormick）於 YouTube 官方部落格（YouTube Official Blog），2017 年 2 月 27 日。

5

你對Podcast有多少熱情？

嘿，我知道你是一個心中擁有很多愛的人。你愛你的好友；你愛熬夜追劇看《The Golden Girls》（黃金女郎）影集；你愛在街上走過你身旁的小狗。我很肯定你是一個可愛且充滿愛心的人。但是，你實際上有多少愛可以花費在一個Podcast節目上呢？

我會這樣問你，是因為一個痛苦的事實：要維持一個Podcast節目很難。我要在這裡說（而且我會反覆地說）：一定會扼殺任何Podcaster的，就是缺乏愛，這比任何設備故障、資金短缺或時間不夠等問題更嚴重。

根據Podcast分析平台Chartable於2018年的Podcast帳號數據，在免費創建Podcast節目的平台Anchor上，發布超過9集的節目只有16％。這代表大多數開始做Podcast的人，不是選擇做超短的系列，就是在9集節目後就放棄了。

依據我多年來和渴望做 Podcast 的人對話的經驗，我打賭有 99% 的情況都是後者。不是因為想做 Podcast 的人都很懶惰，或是做不好 Podcast。他們之中有很多人都很聰明、好笑，而且是努力的人。我的理論是，只做 9 集說明了他們對自己的作品缺乏愛。

現在，我知道愛可能很難衡量，我懂，我有幾百萬次都愛上我在交友軟體 Tinder、酒吧或是派對上碰到的人，但是隔天早上醒來卻會問自己：「我為什麼我要親那個人？」「他到底叫什麼名字？」

愛可以是強烈的，但也可以轉瞬即逝，這也是愛的一部分樂趣所在。但是當你在製作 Podcast 時，你的愛絕對不能是短暫的。因此，儘管這樣聽起來很不性感，我認為所有渴望做 Podcast 的人，都要以大學畢業論文的方式看待他們的節目，並自問：我對這個主題是否有夠多的愛以支持著我，讓我把所有閒暇的時間都用來做研究、一直討論這個題目，並心心念念地夢到它？我對只能預期的成果是否有足夠的愛，足以支撐我投入，將每小時、每週的時間都花在上頭，然後在一年後才能將我的成果發表？

如果大學畢業論文的想法太可怕，試著用另一種角度思

考：想一下你最著迷的事情。這可能是《Real Housewives》
（家庭主婦）真人實境秀，以及凱西‧威爾森（Casey
Wilson）和丹妮兒‧施奈德（Danielle Schneider）分析《Real
Housewives》的 Podcast 節目《Bitch Sesh》（八卦時間）。
或是飲食，就像是丹‧帕許曼（Dan Pashman）的《The
Sporkful》（一大口美食）Podcast 節目。在這兩個案例中，
他們都不停在想著、在講著特定的主題，連做的夢都跟這些
主題有關，他們是否主持 Podcast 節目則不那麼重要了。

　　總之，你的節目必須是你會著迷的事情，這件事情會
讓你的心跳加快。它必須是你可以預期自己執行超過一個週
末，或是超過好幾個週末的事情。你要對你的心負責、對你
的節目負責，這是你最基本該做的。

　　所以，在你繼續讀這本書，並學到更多做好節目的技巧
時，也請你做一些自我探索。認真思考你的 Podcast，以及你
如何分配生活中的時間給你的 Podcast。

　　理想狀況下，你會發現做 Podcast 比大學論文或你最喜
歡的休閒娛樂還要更棒，希望你的 Podcast 會變得更像是你
在救助動物的慈善機構所愛上的那隻老貓，你知道你可以把
時間花在牠身上，即使你已經同時做太多工作，你每天都會

因為牠而等不及回家，迫不及待想分享你的愛給牠。

第二部

寫作

6

決定節目的型式

型式（Format）：這不只適用（For）於叫做馬特（Matt）的人。哈！你有聽懂嗎？「For」……「Matt」？喔，我好喜歡這種無聊的雙關語。但是認真的說：每一個人的節目都需有其型式。

無論你是馬特、伊莉莎白、荷西、亞伯拉罕、普里揚卡，或是任何人，只要是要開始做 Podcast 的人，都需要思考節目的型式。

你很可能已經知道電視領域固有的節目型式，例如：

▋情境喜劇

像是《Friends》（六人行）、《Modern Family》（摩登家庭）與《Black-ish》（黑人當道）。

辦案推理劇

《Criminal Minds》（犯罪心理）、《Law & Order》（法網遊龍）與《Cagney & Lacey》（警花拍檔）。

遊戲節目

《The Price Is Right》（價格猜猜猜）、《Deal or No Deal》（一擲千金）與《Family Feud》（家庭問答）。

每日新聞節目

《NBC Nightly News》（NBC 晚間新聞）與《The Rachel Maddow Show》（瑞秋梅道秀）。

真人競賽節目

《The Bachelor》（鑽石求千金）、《The Biggest Loser》（減肥達人）與《The Amazing Race》（驚險大挑戰）。

真人實境秀節目

《Keeping Up with the Kardashians》（與卡戴珊一家同行）與《The Real Housewives of New York City》（紐約嬌妻）。

上述很多的節目型式也存在於 Podcast 的世界。但是，以虛構的故事為主要模式的 Podcast 節目，像是辦案推理劇與情境喜劇，仍未像電視節目那樣吸引大批的受眾。以下是一些最常見的 Podcast 節目型式：

- **訪問**：主持人每集會歡迎一位不同的來賓，然後訪問來賓和節目主題相關的問題，例如《WTF with Marc Maron》（馬克‧馬龍告訴你為什麼）、《Girlboss Radio with Sophia Amoruso》（蘇菲亞‧阿莫魯索的正妹 CEO 電台）。

- **圓桌會議式討論**：由三位固執且各持己見的主持人，討論和節目主題相關的議題（有時候是四位主持人，但我認為這樣太多人了），例如網路媒體平台 Slate 的《Culture Gabfest》（文化對談）、《Lovett or Leave It》（拉維特不管了）。

- **每日新聞**：主持人會唸出每日的新聞，然後通常主持人會交由記者進行現場報導，或是提供其他背景資訊，例如《The Daily》（每日秀）、《Start Here》（新聞現場）、《Today, Explained》（今日新鮮事）。

- **評比排名**：主持人（或主持人們）檢視某項排名的前五名、最後幾名，或是想要「約會、結婚或希望那人消失」

的排名清單。

- **建議**：主持人（或主持人們）給予來信或來電的觀眾建議，例如《Car Talk》（汽車對話）、《Dear Prudence》（深謀遠慮）與《Savage Lovecast》（薩維奇談情說愛）。

- **回顧**：由超級粉絲重述特定電視或 Podcast 節目的每一集。例如《Watch What Crappens》（針對 Bravo 電視台所播映節目的回顧）、《Serial Serial》（懸疑罪案系列）、《Little House on the Podcast》（小木屋回顧）、《Gilmore Guys》（男性觀眾看吉爾摩）

- **紀錄片型節目（每集）**：在每一集的節目深入探討不同的故事，包括事件的所有起落、鮮為人知的事實與驚喜，例如《Revisionist History》（挑戰歷史）。

- **紀錄片型節目（每季）**：用完整一季的所有節目集數來述說一個故事。例如《Dirty John》（髒鬼約翰）、《Heaven's Gate》（天堂之門）、《You Must Remember This》（你必須知道這段好萊塢）。

- **調查**：由節目的主持人擔任調查員，調查一個或是多個案件、解釋謎團，並針對有罪、無罪以及發生的事實給出結論。例如《Serial》、《Mystery Show》（懸疑謎團）與《Missing

Richard Simmons》（理查德・西蒙斯失蹤案）。

- **期刊型節目**：節目的每個段落都是不同且獨立的紀實、訪談、表演或調查，就像是紙本期刊的架構一樣。個別段落通常和當集的整體主題有關。例如《This American Life》（美國眾生）與《Radiolab》（空中實驗室）。

- **遊戲節目**：來賓為了獲勝需要回答問題、參與一系列的挑戰、解謎或是參與其他的競賽。例如，《Ask Me Another》（再問我一題）、《Wait Wait Don't Tell Me》（等等⋯⋯我知道答案）。

- **講述一個或多個短篇故事**：主持人完整講一個故事，或者，由多人念出多個短篇故事。這些故事可以是短篇小說、自白、單篇日記或是獨白。例如《Levar Burton Reads》（勒瓦爾・布林頓說故事）、《Selected Shorts》（精選故事）、《The Moth》（蛾）、《羞恥的故事》（Mortified）。

- **虛構故事**：一個虛擬的故事透過多集的節目依序講述。某些 Podcast 會創造一個虛擬的世界，並透過持續發布一集集的節目來更新這個世界的近況。這類節目不會有可預見的結尾，例如（Welcome to Night Vale）（歡迎來到夜谷小鎮）。其他的 Podcast 則會從頭到尾完整敘述一個故事，例

如（The Message）（神秘訊息）與（Homecoming）（返家）。

雖然上面這些 Podcast 節目的型式（甚至還有更多型式！）都可以找到成功的範例，但這不代表你必須選擇某種傳統的型式。你甚至可以發展出你自己的型式。舉例來說，在《Beautiful Stories from Anonymous People》（陌生人的美麗故事），喜劇演員克里斯·格哈德（Chris Gethard）會接聽一通匿名的來電，對話中就有著任何的可能性，從露骨的自我推薦到罪惡的懺悔都有可能。節目唯一的規則，是克里斯不能先掛斷。這是一個訪問的節目嗎？還是說故事的節目？或是實境節目？我會說，這些全部都是，而且不只這些，這個節目有著非常獨特的節目型式。

然後，想想《Everything Is Alive》（萬物皆生）。在每集的節目中，伊恩·希拉格會訪問一個沒有生命的物體。這算是一個訪問的節目嗎？是虛構的故事嗎？還是表演藝術？再一次，我會說，這些全部都是，而且不只這些，這個節目是一個非常新穎的型式。

或是《Ear Hustle》（偷聽）。這個 Podcast 由受刑人埃隆·伍茲（Earlonne Woods）與安特萬·威廉斯（Antwan

Williams），以及藝術家奈傑爾‧普爾（Nigel Poor）在聖昆丁州立監獄（San Quentin State Prison）一起製作。這個節目會講述監獄生活的故事，但是這些故事與個人的敘述以及對社會正義的看法交織在一起。這是一個實境節目嗎？還是紀錄片？還是調查報導？我認為，這些全部都可以說是《Ear Hustle》的型式，而且這個節目具備某種超越現今節目、領先趨勢的前瞻性。

你可以選一種現有的 Podcast 節目型式，或是學習其他媒體上現有的節目型式，沒有任何限制。你也可以創造自己的節目型式，你可以做任何事情。而且我相信你！

故事的重要性

許多年前，我很榮幸地碰到希曼‧布朗（Himan Brown），他是傳奇的廣播節目製作人，他製作的節目包括《The Thin Man》（瘦人）、《Inner Sanctum》（內部聖所）、《Flash Gordon》（飛俠哥頓）、《Dick Tracy》（迪克崔西）以及其他經典的節目。布朗有很多著稱的事情，包括他可以和非常有名的人合作愉快，像是葛雷哥萊‧畢克（Gregory Peck）、法蘭克‧辛

納屈（Frank Sinatra）、海倫・海絲（Helen Hayes）與奧森・威爾斯（Orson Welles），這還只是其中幾位。他也以多產的作品量（他在 70 年之間製作了超過 3 萬個節目）而知名，以及，最讓我難忘的，是他堅持故事是所有偉大有聲作品的核心。這是來自他告訴我的話：「當你碰到一個小孩，不論是任何文化背景的小孩，他們會對周遭的大人提出什麼要求？他們會說，『說一個故事給我聽。』你到世界上的任何角落，我向你保證，這點都是真實成立的。人只要一會說話或是一了解語言，就渴望著故事。我們想要聽到故事，而且我們需要聽到故事。」

　　無論你的節目是什麼樣的形式，都請你將希曼・布朗的智慧放在你心中最重要的位置。用說故事的方式來說話，而不要只是闡述事實。用生動豐富的詞彙，讓你說的話可以有畫面，而不是只有數字和日期。透過傳達人類的情感、經驗和行為，來吸引聽眾進到你的世界。盡可能「表演」，不要只是「說話」。不論你在做的節目是遊戲節目、新聞節目或是調查報導，給予人們他們所渴望的東西。請你當那個說故事的人。

　　更多相關的內容，請翻開第 9 章：準備寫腳本。

7

規劃節目的架構

　　新節目的企劃過程中，我最喜歡的就是「擬定架構」，恭喜你，你也進展到這一步了！現在，你可能在想：我為什麼需要架構？有那麼多我喜歡的節目都只是有趣的人在聊天而已！

　　我要提出相反的意見，缺乏架構的「有趣玩笑」並不好笑，特別是對不認製你的陌生聽眾來說更是如此。而且，你認為沒有架構的節目，更可能其實是有架構的。

　　舉例來說，我共同主持的《When Meghan Met Harry：A Royal Weddingcast》節目播出了為期 6 個月的時間。對於英國皇室的粉絲來說，這是一個泡沫般的愛情盛事，由一臉蒼白、一頭紅髮且來自英國的詹姆士·巴爾，和我，一個美國的有色人種女性一起主持，我們巧妙地和這對夫妻的特質相呼應，並慶祝跟他們有關的一切。但是當你更仔細審視，你

會看到，這個節目不只是一個愛情盛事加上精心挑選的主持人，這個節目有著明確的架構。

　　每一集節目的開場是詹姆士和我做自我介紹，然後我們會提供一個簡單的大綱（或是有聲節目所稱呼的「節目內容」），向聽眾解釋這集節目會有的內容，舉例來說：「今天，我們將討論最近的新聞頭條，深入討論皇室的離婚，並以本週對皇室婚禮的預測做結尾，這將會和馬有關。」節目內容可以給予聽眾方向，同時也讓他們對於即將聽到的節目內容感到期待。每一段節目內容的預告都是一段表演。在介紹與節目內容預告之後，我們的節目有三個部分。

▌第一段節目：新聞

　　詹姆士和我會唸和這對新人或婚禮有關的三到五則本週最精彩的新聞標題。這些新聞標題可能是他們本週在公眾場合現身、婚禮場地的細節，或是和其中一人的家人有關的八卦。透過這些新聞頭條，我們慶祝這對新人的愛情，並且哀嘆那些反對「這對新人是地球上最重要夫妻」的人。

▌第二段節目：深入探討

在深入探討的橋段，我們會深入討論和梅根、哈利或是皇室成員有關的議題。在某一週，我們可能會討論皇室家族過去至今的種族分布、貴族頭飾，或是婚禮的食物。另一週，我們則可能會討論哈利過去在軍中的好兄弟們、梅根的朋友，或是同時也是超級粉絲的皇室傳記作者。

▌第三段節目：皇室婚禮預測

這個節目一定會以皇室婚禮當天的預測做結尾。

這可以是賓客的姓名：小威廉絲（Serena Williams），是的！或是某位賓客的身體狀況：琵琶‧密道頓（Pippa Middleton）屆時會以孕婦的狀態出席！或是新娘當天的裝扮：天啊，我們對於她髮型的預測差得遠了！在婚禮當天，我們將所有的預測整理成一套賓果加喝酒遊戲，並發布讓全球成千上萬的粉絲可以在家一起玩這套遊戲。

《When Meghan Met Harry》除了有這三段節目內容之外，還有以下結構性要素：

- **音樂**：每段節目都有自己專屬的主題配樂。
- **時間**：每一集節目時間約為 25 分鐘。

- **語調**：每一集節目都是愉快的，我們沈溺在其中，而且完全沒有任何諷刺的意味。

這時，你可能在想：**我不想要被這麼僵化的架構給限制住！**或是，**我覺得這沒有必要！**但請你相信我，架構是你該感激而不是討厭的東西。架構就是你的路線地圖，它是基本的要素，是你的節目所被聽到的樣貌。它可以給你的聽眾一個他們覺得在其中很舒適的地方和空間。它為你的聽眾提供了可預測性，「對吧！我就知道是這麼回事！」以及驚喜，「天啊，他們竟然違背之前的作法！」它讓你可以有地方插入預告與製造懸念。如果你幸運地有廣告合作的話，你的架構就會讓你知道，你可以在哪個位置放廣告。

而且，請注意：《When Meghan Met Harry》的節目架構是目前最簡單的節目架構。簡單並不壞，但是這可能不適合你的節目。你想要做的 Podcast 架構可能更複雜，就像是我和喬藍塔的《By the Book》。

以下是《By the Book》的細節架構：

> 1. 介紹：我們的名字是某某某，這是我們的節目，本週的書是某某某。

2. 主題音樂。

3. 本週書籍作者的人生故事。

4. 本週書籍的摘要。

5. 詳細說明我們將依據書中的哪些步驟生活。

備註：我們盡量在節目一開始的 6 分鐘內說完上述這些內容。

6. 喬藍塔依據書中內容生活的第一週，包括錄音的日記（6 分鐘）。

7. 克莉絲汀依據書中內容生活的第一週，包括錄音的日記（6 分鐘）。

主題音樂／廣告破口

8. 喬藍塔依據書中內容生活的第二週，包括錄音的日記（6 分鐘）。

9. 克莉絲汀依據書中內容生活的第二週，包括錄音的日記（6 分鐘）。

主題音樂／廣告破口

10. 喬藍塔對這本書的定論（3 分鐘）。

11. 克莉絲汀對這本書的定論（3 分鐘）。

12. 演職人員名單加上音樂作為結尾。

13. 彩蛋（由我們的製作人挑出有趣的漏網片段，放在每集節目的最後作為給我們和聽眾的驚喜）。

　　做《By the Book》幾季後，喬藍塔和我幾乎都不用思考節目的架構了。這個架構是一個完美狀態的宇宙，我們的節目可以在這個架構上有非常好的呈現。但是一開始，這個架構並不是這個模樣。我們和製作人卡麥隆（Cameron）以及執行製作人米亞·洛貝爾（Mia Lobel）做了很多實驗，才確定我們節目現在所存在的架構，你也可能會做很多實驗，以《By the Book》的經驗，這會花上好幾個月的時間。

　　而當我們擬定節目的架構後，接下來的幾集節目都變得相對容易製作。我們知道每一個故事的內容屬於哪一段的節目，當我們偶爾跳脫節目的架構時，我們的聽眾也很清楚我們在做什麼，以及我們這樣做的原因。

　　此外，我們的架構也把節目劃分成有聲節目產業的人所稱的「時鐘」。一個時鐘會劃分出每個段落的時間長度，這可以讓節目有一套節奏。就我們而言，這幫助我們知道該錄多少的檔案、故事情節發展的速度，以及每集節目該結束的

時間（大約 40 分鐘）。

現在，請你想一下你的節目的型式，用你的想像力，節目的型式就像是你夢想中的房子的藍圖。這個房子可以是你想要的任何模樣，但是它需要有好的骨架，而且你可以決定骨架的架構與位置。當你對節目的樣貌有大概的概念後，試著練習一下。注意哪些地方的時間點比較延遲，哪些地方比較有活力。你在試做節目的時候，哪些地方比較有趣，哪些地方則比較無聊？

然後重頭來，重新規劃節目的架構，然後再來一次。我向你保證，花了這些時間後，你將擁有你夢想中的房子。

8

聚焦在節目的開頭

　　我要向你坦誠一件事情，在《By the Book》的試錄階段時，我們做了許多很差的版本，聽起來拖拖拉拉的、很不順，一團糟。而且這些早期的試錄集最糟糕的地方，是節目的第一段。一開始試錄的時候，我們的介紹就佔了 15 分鐘或更長的時間。

　　在那個時候，我們會介紹自己、我們的個性、經歷、如何認識、我們有什麼不同，以及共同點。然後才會談到這週的書、閱讀的經驗、作者的人生故事、超詳盡分解書中的步驟，然後沒完沒了繼續下去。

　　有些非常誠實朋友和同事坦白告訴我們，他們聽這些東西都快無聊死了。是的，他們想要知道這本書的特色，但是更重要的是，他們想要知道該怎麼做。他們想要聽到喬藍塔和我身體力行自助書的內容，而不是只用嘴巴討論。

於是，我們重新設計節目的開頭，然後，多次重新設計。經過多次的實驗後，在對外的首播集中，我們得以在節目開頭的 5 到 6 分鐘內放入所有的介紹，並讓這些介紹都在適合的位置。這包括介紹我們、這本書、這本書的作者、書中的生活步驟等，所有的內容都放進去了。

雖然這是一個喜劇節目，我們還是決定以直接且中性的方式呈現所有介紹的元素。一部分是為了讓聽眾搞不清楚我們喜歡還是討厭這些書，讓聽眾有期待是好的！而某部分也是為了不要流失喜歡自助勵志的人，或是討厭自助勵志的人，我們這兩種聽眾都想要！

這看起來像是在節目的一個小小部分放入很多的心力。但是我必須告訴你這件事，而且請你務必記得：一個 Podcast 節目的開頭 5 分鐘是很重要的。根據 NPR One 於 2016 年的數據資料，有 20％到 35％的聽眾會在節目開頭的 5 分鐘流失。實際上，聽眾的離開率在節目的前 5 分鐘是最高的，高於一集節目的其他所有時間區段。

所以，雖然花 50 個小時專注在試錄集的開頭 5 分鐘感覺很瘋狂，但我向你保證，這 50 個小時是值得的。

我對於在節目開頭沒完沒了的閒聊的看法

有些 Podcast 主持人會犯的錯誤是，在節目的一開始 10、20 或是甚至 30 分鐘，聊天、笑鬧並談論彼此的近況。節目的主持人是好朋友，他們也假設他們的聽眾是好朋友。誰不喜歡和好朋友聊上幾個小時呢？答案是，新的聽眾。

請讓我舉例說明：

你是否曾經去過一個你幾乎每個人都不認識的派對？也許是一個朋友邀請你去她朋友的派對。你到了派對，但你的朋友卻遲到了。因此，你盡自己的努力和其他人社交。你走近一小群在聊天的陌生人，但是這群人之中，沒有人和你打招呼，他們只是不停地聊天。你推測對他們來說重要的事情可能是烘培，或是皇室家族，但是他們並沒有在對話的任何時間點歡迎你，或是帶領你快速了解他們的話題。你感覺被疏離，你想，也許你應該裝病、離開派對，然後回家看電視。

在節目的開頭沒完沒了的談笑，給新聽眾的觀感就像是這樣。你們這些主持人享受著彼此相處愉快的時光，老聽眾也許也享受這種感覺，但是新的聽眾不知道你們是誰，或是你們在講什麼，他們在想，這個派對是否歡迎他們。

簡單的解決方式，是控制節目開頭的閒聊。然後，這時你該做的，就是如果有人在派對上接近你們這群朋友，你會做的事情，說：「你好，我的名字是傑夫，這是蘇珊，我們正在討論雖然流行的選擇是巧克力碎片餅乾，但是燕麥葡萄乾餅乾才是首選。」

　　太多的笑鬧，卻沒有歡迎你的客人，是很糟的主持方式，不論是在一個派對或是在你的 **Podcast** 節目都是同理。我們都知道你是一個好的主持人，請當一個好的主持人，讓所有人都知道你歡迎他們加入！

9

準備寫腳本

　　你遲早會需要一份腳本。在某些情況下，腳本會在你規劃和實現夢想的過程出現，這將是你腦力激盪時不可缺少的重要元素，也是你在構想與重新構想節目所營造的聽覺氛圍時的核心。在其他的狀況下，腳本會在比較後期的時候出現，也就是當你已經整備好其他聲音的素材，並做完其他的奔走工作後，腳本會在進入製作的階段出現。但是無論是哪一種情況，我都希望你現在就思考自己需要什麼樣的腳本，以及什麼是一份好的腳本。

　　許多節目需要的只是一份最精簡的腳本，或者，更準確地說，是一份大綱。舉例來說，想像一下一個以公佈排名清單為主要型式的節目，我們暫且稱這個節目為《本週前五名摔角手》。你的節目清單很可能只有包括你的介紹、五位摔角手的名單、每位摔角手下方有兩項他們列為前五名的原

因，然後是結論。

另外一種只需要大綱的節目例子，是圓桌會議式的節目，像是 Slate 的《Waves》（性別浪潮）節目，這個節目我也擔任過好幾次共同主持人。腳本通常只有節目一開始的介紹、內容大綱、與談人姓名、當天的三個主題、每個主題有一些重要的論點，然後是討論。與使用完整腳本的節目相比，使用大綱的節目具有很多優勢。它們有更多空間可以即興演出與提供驚喜，讓主持人可以展現他們的個人特色並和彼此互動，而且，不需要寫太多文字！

這不代表你可以不用規劃，或是不用做事。在某些方面，當你沒有腳本時，你需要做更多的準備工作，因為你必須填滿大綱之間的所有空白。這代表著你需要做很多事先的研究工作、閱讀資料與做筆記。這代表著在錄音日之前，你需要知道自己對於某項議題的立場與原因。畢竟，你無法編造你這週挑選某些摔角手的理由，對吧？這也代表，當你笨拙地說話或漏詞的時候，沒有文字可以幫助你快速接上。

但是另一方面，有些節目就是需要詳細的腳本，在這些節目中，主持人幾乎是照著腳本上的一字一句如實念出內容。舉例來說：

- 有時效性且以新聞為主的節目，可能是政經新聞或是流行文化資訊，例如《The Daily》或《Up First》。這些節目不只以大量的事實資料為根據，而且這些事實資料在當天或當週還可能有變化，所以，重要的是確保這些資訊都有持續更新。

- 有些節目內容包含在錄音室以外所錄到的素材，像是《Revisionist History》或《Mystery Show》。你為了製作一集節目所錄的所有錄音檔素材中，哪些段落實際會用在節目中？這些錄音檔說了什麼樣的故事？在每個錄音檔之間的間隔，你會說什麼話來銜接讓故事繼續推進？在放每個錄音檔片段與結束這些音檔片段時，你需要什麼樣的轉場效果？

- 有聲劇、虛擬故事或是精心規劃的真人實境節目。

- 一套詳細教學的課程或是詳述歷史的節目，例如《You Must Remember This》與《Unladylike》（打破女性化）。這些節目傳達許多事實資訊，必須要有腳本讓所有重要的資訊都能清楚傳達給聽眾。

接下來我將逐一介紹這些節目的腳本，針對這些節目腳本最重要的元素給你一些建議。

新聞節目

　　請遵守新聞工作的規則「先講重點」。我指的是，不要在節目的開頭對當天重要性排倒數第三名的事件花長時間做詳盡的介紹，然後假定你的聽眾都可以跟上你（或是想要跟上你）。一開始就講最重要的新聞故事，清楚告訴聽眾新聞的標題，提供聽眾他們可以想像的細節。然後，在那之前，記得放入我們在前面架構章節所提到的「節目內容」。

節目內容包括許多錄音室以外所錄製的素材

　　「讓錄音的內容發揮」（Write to the tape），是我們這些在有聲節目產業的人常說的話，它的意思，是你必須讓你所收集的音檔替你說這個故事。許多新手在一開始時，會先決定他們想講的故事內容，然後寫下整份腳本，接著，為了呈現他們的觀點而收集一些採訪的片段放入整個腳本的架構中。這是錯誤的順序。

　　是的，首先你應該對要講的故事有所了解，但是你的下一步，應該是收集那些可以為你闡述這個故事的錄音檔案，這包括對話與專家訪談等。當你收集好所有的錄音檔案後，我強力建議你透過像是「Trint」這類自動將音檔轉化成文字

的軟體，將這些檔案全部都轉化成文字。當然，你也可以自己多聽幾次你的錄音檔案，邊聽的時候邊記筆記，或是自己做聽打的工作。然後，檢視你的文字紀錄與筆記，挑選那些可以清楚呈現你的故事的片段，接著依據這些音檔寫下故事的敘事線。

有聲劇、虛擬故事或是精心規劃的真人實境節目

請勇於冒險——這來自於我的好友安·海博曼（Ann Heppermann），她創辦了「莎拉·勞倫斯學院國際有聲小說獎」（Sarah Awards for Audio Fiction），她曾說：「挑戰你對有聲節目的思考方式，試著突破有聲節目的可能性跟框架。」Podcast 的魅力在於你不需要上百萬的佈景或是劇場租金，就可以創造出宇宙觀。像《Welcome to Night Vale》（歡迎來到夜谷小鎮）與《Homecoming》都有自己獨特的世界觀，它們有自己獨特的有聲故事詞彙，在這兩個故事的世界中，奇怪的事情發生了。

課程或歷史節目

我必須強調這件事的重要性——「你並不是在寫研究論

文」。你會忍不住想要放入一堆事實、日期、名字等等，但是請記住，你的聽眾聽節目的目的不是只為了聽到事實。如果他們只需要事實，其他什麼都不要，那他們去看百科全書就夠了。他們想要的，是聽到一個故事。

無論你正在寫的是什麼樣的腳本，你的工作都是做一個把故事說得精彩的人。對於每一位做 Podcast 的人來說，這都是很重要的一件事情。從表面上看來，你似乎只是依賴資訊，或只是在對話，但是對於做 Podcast 的人來說，你所做的遠多於表面上所看到的。你是在給予你的聽眾某種東西，透過頭兩側的耳洞，撼動他們的心跟大腦。你的腳本應該要能展現出這種影響力。因此，請為你所說的每一個故事，找出那條故事情節的主線，或是你可以自己創造出故事情節。渲染讓人興奮的事情，然後認真對待嚴肅的議題，讓它們變得生動。

在你做這些寫腳本的工作時，記得你要為了耳朵而寫，不要為了眼睛而寫，也就是說，你的腳本是為了聽眾而寫的，不是讀者。同時，腳本的文字，要讓主持人可以直接跟著腳本說話，而不用透過眼睛費力吸收文字。這是很多文字記者、學者和作者一開始做 Podcast 都會碰到的障礙（包括我

自己）。因為在大多數傳統的寫作形式中，文字並不是以可聽懂或可訴說的方式去寫，但是 Podcast 則不同。

請看這段文字：「在他大學的時候，曾經是當地咖啡廳之間有名的手風琴家和爵士長笛演奏家，約翰・史密斯現年 32 歲，他邁入了人生的新階段，這對年過 30 歲的潛力音樂家來說，並非不常見，這個階段的音樂家通常追求生活的穩定性，並同時哀傷地意識到國際性的名聲和財富可能是不實際的。」

請試著大聲唸出這段文字。你在中間停頓了幾次做深呼吸？你有幾次卡住了？哪些地方聽起來很拗口？這段文字聽起來自然嗎？

事實是，這段文字出現在印刷品上沒有問題，但是在有聲作品上就行不通。當你以聽覺為目的寫作時，你也必須依照呼吸進行寫作。這代表，你的句子必須更簡短且更有力。這代表，你必須選擇較少音節的字詞。這代表，你必須以更多直接的句子來表達，減少用繞圈子的方式說話。

現在，讓我們將上述的文字改寫成更簡短、更有力的句子。「約翰・史密斯在大學的時候，曾經是當地有名的手風琴家和爵士長笛演奏家。但這是超過 10 年前的事情了。史

密斯現在 32 歲。跟其他同年的音樂家一樣，他的人生重點也改變了。他現在追求的是生活的穩定性，同時，他也認為國際性的名聲和財富並不實際。」

改寫後比較好，對嗎？這樣更適合大聲唸出來，在聽的時候，也比較容易聽懂。

你需要的只是花時間練習，所以請你寫看看，再多寫幾次，然後再重寫。在你邊寫腳本的時候，邊大聲地唸出聲。然後，利用「讀劇」的時候來改善內容。就算當你在錄音室錄音的時候，如果你覺得有必要，就喊停，然後停下來重寫你覺得不自然或是說出口感覺僵硬的句子。（除非你的 Podcast 節目名稱是「機器人朗讀詩」，如果這是你的節目，也許你該做的就是不自然跟表現僵硬。）

除此之外，記得要讓腳本聽起來像是你平常說話的感覺，跟貼近你的個人特質。這代表在腳本中加入你的幽默感、個人旁白、獨特的字彙和特定的表達語句。

朋友，這是你的節目，請讓你的節目聽起來屬於你。

什麼是「讀劇」？

　　讀劇，就像是排演和節目工作坊的交會點。在大部分的讀劇，主持人手上會有著腳本，這集節目所需的音檔也會在該播放的時候試播。當順著唸完腳本內容並聆聽這些音檔時，主持人（通常還有所有的製作組成員）會把那些地方效果好、哪些效果不佳等記錄下來，這包括陳述是否清楚、節奏、語調、笨拙程度等。在讀劇的最後，通常大家會分享筆記。然後，腳本會被重寫，有時候甚至會改用新的音檔。有時候，一些音檔或是段落甚至會整個刪掉。雖然並非所有節目都有時間跟人力去做深度的讀劇，但是那些有先做讀劇工作的節目團隊，在節目製作的過程一定會更順利。

10

取一個厲害的節目名稱

　　也許你心裡已經想好節目的名稱，或者，現在你對節目可能的方向有更多想法後，你可能已經開始列下簡單的名稱清單。我自己偏好稍後再決定名稱，因為我認為，在闡述之前，先了解我要闡述的東西是什麼很重要。在此，「東西」指的是 Podcast 節目，而「要闡述的內容」則是節目名稱。

　　此刻，我相信你夢想的節目名稱很棒。如果是在一個理想的世界，我就會說「你可以為你的節目取任何你喜歡的名字！不論節目名稱是什麼，都沒關係！」但是我們並非活在一個理想的世界，所以，在你決定好節目的名稱之前，請做以下的工作：

▌看看外面的世界

　　這世界上有著超過一百萬個 Podcast 節目，其中有些

節目可能已經用了你所想的名字。用 Google 搜尋你喜歡的 Podcast 節目名稱，加上「Podcast」一起搜尋，看看出現的搜尋結果，了解一下你的競爭者是誰。另外，也在 Apple Podcasts 和其他聽 Podcast 的軟體平台上做搜尋的工作。如果有節目和你的節目使用相同名稱，但是該節目已經好幾年沒有製作新的集數，那你使用這個節目名稱也許沒有問題。但是，如果有一個節目現在仍持續發布新的節目內容，而且節目的名稱和你預想的節目名稱相同，或是，如果有類似的專案或產品已用了你預想的節目名稱，那我會建議你想一個新的節目名稱。因為兩個原因：1. 避免你的潛在聽眾搞混哪一個是你的節目，以及 2. 避免可能發生的智慧財產權爭議（Podcast 是一個相對新的媒體，與此相關的法規仍未制訂完善，但是小心行事還是比較好）。

▌請使用簡潔有力的節目名稱

那些節目名稱超過十個字的節目，很難被聽眾記住，而且讓人難以說出口。更重要的是，字數太多的節目名稱不適合出現在節目的主要視覺設計上（也就是你的節目封面圖片與節目標誌圖示），也不適合 Apple 的搜尋視窗。所以，請

用精簡、好記與易於說出口的節目名稱。

▌節目名稱需要符合你的節目內容

　　我最近發現有一個節目的名稱類似《By the Book》，但是奇怪的是，這卻是和電影有關的節目。我很困惑，為什麼一個和電影有關的節目，節目的名稱卻提到書？我屢屢碰到這種令人感到混亂的狀況。我在美食、回顧電視節目、音樂以及許多節目上，都看到這個問題。不要犯同樣的錯誤！讓人容易搞錯的節目名稱，只會讓你難以宣傳節目，也會讓你錯過那些真正會想要聽你談話的潛在聽眾。

第三部

主持

11

思考一下多元性

　　到目前為止，我們討論了很多創意，接下來我們即將邁入幾章討論人的章節，包括主持人、節目來賓以及節目製作團隊。而在談到人跟 Podcast 時，我們就必須討論到「多元化」。

　　我知道「多元化」感覺是一個不受歡迎的字眼。對於我們這些少數民族族裔的人而言，有時候這會讓我們有這種想法：「天啊，好極了，我是來代表我的人種／性別／宗教／其他社經地位的整個群體。」而對於那些身處優勢地位的人（白人、男人、異性戀等等），和多元化扯上關係往好的方面是會讓人感到不舒服，往不好的方面則是讓人筋疲力盡且無益於事。但是請你相信我，多元化對每個節目來說都是必要的元素。請思考以下這幾點：

　　1. 多元文化的團隊可以讓你脫穎而出。66% 的 Podcast

主持人都是白人男性。每當又有一位白人男性主持 Podcast
節目，而該節目又不找有色人種的人士擔任來賓，且不找女
性擔任共同主持人等等，這個節目只會讓這位白人男性主持
人和其他人混淆，或只是在模仿現有節目的樣貌。

2. 多元文化的團隊具備吸引更多聽眾的可能性。請記
住，美國廣大的主要人口並不是白人男性。為什麼不邀請這
些人擔任來賓、主持搭擋、或是在節目上固定分享的講者，
有意識地努力吸引主要的群眾？

3. 多元文化的團隊代表著更多面向的資源。對手拿一隻
麥克風的陌生人敞開心胸，對每個人都是困難的事情，當手
拿著麥克風說話的人來自一個完全不同的世界時，這就更難
了。舉例來說，如果你是一位罹患卵巢癌的非裔女性，你會
想要先跟一個白人訴說你的故事嗎？也許你會。但是也許你
寧願向某位身分認同跟自己相近的人說你的故事。

4. 多元文化的團隊比較不容易有盲點。在缺乏多元化的
情況下，整個團隊很可能只會透過一個角度來看事物，或是
將某件事情誤判為已知的事實。舉例來說，如果你身處在一
個全員都是異性戀的團隊製作一個關於婚姻的節目，你們是
否可能會假設哪一方通常會在婚姻中提出問題，雖然這並不

適用於同性伴侶的狀況？你們關於最棒結婚場地的看法是否會有盲點？因為，很多場地事實上並不歡迎同性戀族群。

5. 多元文化的團隊本身就代表著解決方案的一部分，而不是問題的一部分。我們的世界充斥著種族主義、性別歧視、仇視同性戀和其他許多醜惡的事情。令人遺憾的是，有太多 Podcast 產業的人正在製作維護這些醜惡事情的內容，這些人自己甚至沒有意識到（或者，我希望他們是沒有意識到）。舉例來說，你有多少次在聽標榜參與者都是當代最卓越政論家的圓桌會議式節目時，節目的來賓全部都是男性？你有多少次聽到節目訪問當代最傑出的演員、作家、科學家時，來賓全都是白人？這個錯誤太常發生了，以致許多「主流媒體的閱聽者」甚至都不會有所質疑，但是相信我，我們當中有許多人注意到這個問題，並且厭惡這個狀況。

多元文化就等同於良好的說故事能力、良好的商業模式，上面這些還只是一部分的原因。當我與其他人分享這些觀念時，聽的人通常會邊點頭，邊說：「這很有道理！」然後，其中有不少人會再跟我聯絡，並尷尬地坦承：「我知道多元文化的重要性，但是我不知道該怎麼找到多元化的人。」

如果你的狀況正是如此，我向你保證，不只有你是如此。這是新聞和媒體產業永久的問題。這些領域在數十年來，都由白人男性所主導。而且這些領域，在數十年來也都由人脈廣泛且富有的人所主導。

　　一部分原因，是人脈網絡在媒體產業中具備重要的影響力。而人總是傾向結交和自己外貌相像、和自己唸類似的學校、和自己住在相似的社區，且投其所好的人。這個一開始就建立在白人男性偏見之上的產業，也持續以白人與男性的軌道往前進。另一部分原因，是這個產業過去都是以無薪或低薪的實習工作來招攬新人加入。而當實習工作是無薪或薪水很少的狀況時，大多數低收入的人就不會追求這些工作機會。

　　只能說，這與我們生活在一個還是比較信任白人的世界有關，這一事實使白人成為故事的中心，選出白人擔任管理其他人的職位，並讓我們在非常年幼的時候就開始被教育種族歧視與性別歧視。儘管如此，這些情況並非無法改變。你有很多方式可以招募到多樣的團隊成員！以下僅是其中少數方法：

- 出席少數族裔的社交活動，或在少數族裔的媒體報章

上刊登職缺資訊。你可以參考美國國家非裔新聞工作者協會（National Association of Black Journalists，簡稱 NABJ）、美國西班牙裔新聞工作者協會（National Association of Hispanic Journalists，簡稱 NAHJ）、美國亞裔新聞工作者協會（Asian American Journalists Association，簡稱 AAJA）、美國原住民新聞工作者協會（Native American Journalists Association，簡稱 NAJA）、UNITY Journalists 多元文化新聞工作者協會（此協會為 NABJ、NAHJ、AAJA 與 NAJA 的聯盟）與南亞新聞工作者協會（South Asian Journalists Association）。

• 在公立大學張貼求職資訊。我合作過的許多媒體都習慣只從「菁英」學校（常春藤盟校和其他私立大學）招募人才，在他們的認知裡，他們找到的是最好且最有前途的人才，但是事實上，他們只是找到最有錢與最符合白人樣貌的人才。要找到國籍、經濟階級、種族和觀點真正多元的大學畢業生，公立大學才是首選。

• 在 Facebook 上聯絡相關的社群，然後詢問這些社群是否可以幫忙張貼職缺資訊或節目來賓的募集資訊。Facebook 上面有成千上萬的社群，這包括有色人種、女性 Podcast 從業者、有色人種女性 Podcast 從業者與女性媒體人等等。

• 尋找與 Podcast 類似領域的專業人士，例如廣播、電視、報刊雜誌、出版，研究和教育等領域。

關於為你的節目招募多元化的來賓、專家、不同人種的觀點等，請參考專家所整理的眾多清單。這是其中一些：

• 布魯金斯學會（Brookings Institution）的科技政策女性專家（Women+ in Tech Sourcelist）清單。

• 婦女媒體中心（Women's Media Center）的媒體出版女性專家（SheSource）清單。

• 《哥倫比亞新聞評論》公開的女性、非二元性別者與有色人種媒體專家資料庫。

• 美國全國公共廣播電台的（NPR）的本週專家介紹（Source of the Week）。

除此之外，我認為尋找多樣化來賓最重要的方法如下（而且我希望你將這個方法記在腦中），請你照著做：用Google 搜尋你最怕的那些字詞。

也就是說，如果你正在主持一個探討全職家庭主夫的節目，而你意識到「喔！不！我過去一個月所訪問的家庭主夫都是白人。」請你 Google 搜尋「非裔家庭主夫」、「有色人種全職主夫」以及其他會讓你害怕或感到尷尬的字詞。

如果你發現你的科學節目的來賓，全部都是白人科學家，請Google 搜尋「非裔女物理學家」或是「亞裔美國太空人」或「拉丁裔生物學家」。

用 Google 搜尋這些字詞，直到你不再感到害怕為止。一邊用 Google 搜尋的同時，你知道你正在為自己的節目和這個世界做正確的事情。用 Google 搜尋「非裔」、「拉丁裔」和「LGBTQ」（女同性戀、男同性戀、雙性戀、跨性別者與性少數群體的英文字首縮寫）。請你用 Google 搜尋這幾個詞，這些詞彙都不是髒話，種族色盲（color blind）和種族偏好（color averse）才是真正的髒話。

我向你保證，這些搜尋工作將帶來你所需的一切資訊：爸爸部落格、媽媽部落格、特定專業領域的社群、學生團體、官方名單、大學院所、公司、社團和個人網頁。這些網頁不會全部都成為你尋找多元化團隊的解答，但是它們可能是你的第一步，幫助你找到進一步的線索。我會在第 16 章「邀到你夢想的來賓陣容」討論如何找到厲害的（多樣化！）來賓，敬請期待！

欠缺多元化的 Podcast 產業

　　2016 年 1 月，喬希‧摩根（Josh Morgan）為石英財經網（Quartz）寫了一篇文章，標題為「數據證實美國的 Podcast 是白人男性的產業」，他提出了一些嚴峻的事實：

- 查看了 Apple Podcasts 上超過 1,400 多個 Podcast 頻道後，他發現取樣的 Podcast 頻道中至少有 85% 的主持人中包含一位白人主持人。
- 三分之二（66%）的頻道有一位白人男性主持人。
- 大概 30% 的頻道有一位白人女性主持人。
- 只有 18% 的頻道有一位非白人的主持人。

12

像個專業主持人

　　我從那些有未來抱負的主持人那裡，一遍又一遍地聽到一件事，他們往往會羞恥且尷尬地說：「我不確定我的聲音是否適合當 Podcast 的主持人。」

　　我現在就告訴你：是的，你絕對可以主持 Podcast。而且，不要讓其他蠢蛋告訴你「你不適合」，對，是的，你將會碰到一些蠢蛋。例證：喬蘭塔和我主持著一個非常受歡迎，同時也備受推崇的 Podcast 節目，但是我們仍然常常收到評論，說我需要改善我明尼蘇達州的口音、說喬蘭塔需要改掉她的氣泡音。

　　我對這兩種批評的回應：荒謬。

　　關於口音的討論：每個人都是來自美國不同的地區或是世界上不同的地區，那些不喜歡這個事實的人，就請他們滾開！又不是每個人都應該聽起來像是他們來自紐約或加州

（有許多的 Podcast 主持人來自這兩州）。那些認為我們應該要聽起來像是紐約客或加州人的聽眾，往往只是心懷某種階級主義的程式碼，暗示來自美國中西部和南部的人都是愚蠢的。我愚蠢嗎？不，親愛的讀者，我並不愚蠢。而且，老實說，你不該低估地方口音的魅力。每當有一位聽眾來訊抱怨我明尼蘇達的口音時，同時就有十位聽眾來訊說我的口音讓他們想起餅乾、老奶奶和柯恩兄弟所執導的電影。

現在，讓我們談談氣泡音。這是我特別討厭的話題，因為我認為氣泡音並不存在。酸民則持相反的意見，在社論專欄甚至合法的報紙上，他們都會抱怨此事。有時，他們將其描述為年輕女性從喉嚨後部低聲說話的聲音。或者，他們會將其描述為「山谷女孩腔」（山谷女孩通常用來形容說話無腦且有錢的美國白人年輕女性，據稱她們有自己的特殊口音）的現代恐怖變體。比較不友善的時候，他們會將其描述為一個女孩以懶惰且沙啞的聲音說話，且這個女孩認為自己比其他所有人優越。大多數時候，他們會解釋，氣泡音讓女人的聲音聽起來粗糙而刺耳，缺乏權威和可信賴的感覺。一致地，他們堅持這讓女人聽起來很蠢。更甚而，他們說這讓他們再也不想聽一個年輕女性說話。

請注意這些批評的共同點：這是針對女性聲音的批評，尤其是針對年輕女性的聲音。

提醒你，Podcast 的代表性男性指標們，例如主持與製作多個節目的艾拉·格拉斯（Ira Glass），也承認用他們自己的聲音做出同樣的聲音，而這樣的聲音在女性身上卻被指責是氣泡音——這包括從低聲說話到以沙啞的聲音說話。但是這些男人從來不會因此而受到指責。事實上，艾拉曾經在《This American Life》（美國眾生）節目的常見橋段「Freedom Fries」（自由薯條）中承認，多年來他所收到的上百封針對節目內容聲音的評論，每一封都是針對女性講者的聲音。每一封信都是如此。

我想說的是，如果你是一位女性而且決定要開口說話，外面一定有會批評你聲音的懷恨者。別管他們，繼續使用你美妙的聲音吧。

既然提到艾拉·格拉斯，我給所有的主持人與想當主持人者，最重要的建議是，如果你在這章只學到這一件事情，那請你將它放入你的腦中並刻在你的心上：**聽起來像你自己。**你聽起來不該像艾拉·格拉斯，不該像知名非裔喜劇女演員

菲比・羅賓遜（Phoebe Robinson），不該像以訪問前做扎實研究工作與循循善誘的訪問風格聞名的女主持人泰瑞・格羅斯（Terry Gross），不該像在眾多知名雜誌上曝光社論的知名女作家珍娜・渥瑟姆（Jenna Wortham）。你就是你。

對所有新的主持人而言，這都是一件困難的事情，他們都有自己所愛的節目，而且想要聽起來像是這些節目的主持人。因此，他們會發現自己無意間開始模仿知名的主持人，因為他們的潛意識告訴他們，**專業的 Podcast 主持人聽起來就應該是這樣。**

但是，事實是，模仿聽起來就如同它的本質一樣虛假。不論你多努力嘗試，你聽起來都不會像美國作家與教育家艾希莉・C・福特（Ashley C. Ford）或是黎巴嫩裔美國電台主持人賈德・阿布穆拉德（Jad Abumrad）。你只能聽起來像是你自己。而且，讓我向你保證，這是一件好事。不，這不只是好事，這太棒了，你是獨一無二的，你是超級巨星。如果地球上有一個永遠支持你的俱樂部，你自己就是唯一的成員。所以，請接納你自己的本色，享受前面所討論的獨特口音（如果你有特別口音的話）、你說話時的個人形象、你奇怪的幽默感、你的笑聲，而且，盡情地忠於你獨特的觀點。

現在，你可能會好奇：嘿！主持人不是應該保持中立嗎？
我不知道我是否該表達意見！我的答案是：這個狀況可能適
用於網路新聞和公共廣播節目，但是 Podcast 和這兩者並不
同。以 Podcast 節目來說，就算是最具知識性的節目，也具
備娛樂性、對話與陪伴性質。這也代表，Podcast 的觀眾希望
節目的主持人可以展現人性、擁有主持人自己熱衷的事物，
並且具備自己的觀點。就算是那些聽起來最中立的 Podcast
節目，主持人都對節目的主題充滿熱情，不論這個主題是「賞
鳥」或是「如何當更快樂的家長」。請你展現你的熱情！

　　雖然聽起來可能有點不舒服，但是關於聽起來人性化這
件事情，代表你必須展示一些你的脆弱。這並不是要你在每
一集的節目都落淚，或是講出你和伴侶最尷尬的那場爭吵。
但是，你應該讓大家知道你的一些缺點和自我矛盾，這可以
是承認你都不折衣服，也可以是嘲笑自己在規劃今天節目的
時候，犯了某個錯誤。這樣做會讓你的聽眾覺得和你更親近，
讓你的聽眾知道，你和他們一樣，你也是一個有血有肉的人。

　　雖然我說，「聽起來要像是你自己」是你在這章所獲得
的最重要建議，但是除了這點以外，我還可以給你其他的主
持建議。在做自己的同時，你還可以做以下的工作：

1. 做好準備。當你在麥克風前坐下的時候，你應該要非常熟悉節目的腳本或大綱、你對於節目主題的觀點，以及，你想要闡述主題的方式。當你做好準備，你的聲音聽起來也會更有自信與更放鬆。

2. 熱身！在錄音前做 5 下開合跳。和你的主持搭擋、製作人或自己閒話家常。跟著你最喜歡的歌曲 MV 高歌。讓你的聲音和能量做好準備。

3. 將水或乾淨的涼茶裝在密閉的容器中。不含咖啡因、不含乳製品的飲料可以幫助你的喉嚨和口腔保持濕潤，而不會生痰或口乾舌燥。密閉的容器（例如可重複使用的旅行杯）讓你永遠不用擔心水潑到你的電腦、設備或腳本上。

4. 將麥克風放在距離你的嘴巴大約一個拳頭的位置，並稍微對著嘴巴的左側或右側。這樣一來，你的聲音便會大聲且清晰，這也可以防止你在發音「P」和「S」時產生爆裂音。

5. 你在和別人說話的時候，對方是否常常請你再說一次？如果是的話，你可能習慣性會講話含糊。練習清楚說出每一個字，但也不要過度糾正自己，或是聽起來太僵硬。持續小口啜飲水，讓你的嘴巴不會卡住。

6. 如果你口語上習慣用很多「好像」或「嗯」，請你盡

量減少這些用語。在剪輯整個節目的時候，要把這「嗯」、「嗯哼」和「好像」拿掉並不是好玩的事情。

7. 如果你的聲音缺乏活力，請找一個方法來增加你的活力。你可以試著站著錄音、在說話的時候維持微笑並且用你的雙手盡量瘋狂地擺手勢。或者，你可以檢討你所談論的主題是否讓你昏昏欲睡，然後改討論另外一個你比較有熱情的主題。

8. 在你笑的時候，讓嘴巴稍微遠離麥克風。笑聲有神奇的力量，但是笑聲通常會比講話的音量大聲，因此，在笑的時候稍微離開麥克風，可以讓你的聲音大小更一致。

9. 如果你說到一半時結巴了，不要只是從你結巴的那個字開始重講，請從完整的句首，或是段落起始的地方開始重講。這樣做有一個好處，在後期製作的時候，你可以更輕鬆地將內容組合在一起。

10. 如果你常會離題，請試著控制自己。無傷大雅且偶發的離題沒關係，但是如果你發現自己講話講到吐出一口長長的氣，然後說「嗯……就像我剛剛說的……我剛剛在說什麼？」這就會是一個問題了。

謝謝你，艾力克斯・強生

　　我已在現場播出的廣播節目、Podcast、講台和電視節目裡面講話超過 10 年了，我的聲音讓我感到輕鬆自在。但是，我做了很多練習，而且相信我的那些啦啦隊也持續鼓勵我，讓我可以有現在的成績。鼓勵我的啦啦隊中，最重要的人是艾力克斯・強生（Alex Johnson）。在我的職涯早期，當我在公共廣播節目「The Takeaway」（重點整理）擔任電影評論員時，我就意識到，我的聲音並不是「做廣播的聲音」。做公共廣播的人，聲音聽起來都很流暢且權威。他們似乎從來沒有口音，也不會使用特殊的詞彙說話。在我心中，他們是完美的，而當我拿自己和他們相比時，我總是感覺自己矮人一截，或更糟的是，像是假貨。然後，每一次當我做完廣播節目、回到我的桌子後，我都會看到艾力克斯給我的 Google 訊息或是 Post-it 便利貼，他是這個節目的數位製作人，上面寫著「**你很棒！**」或是「**聽你說話是種享受！**」

　　我總是會道謝，但最後，我找他談這件事情，「艾力克斯」我說，「謝謝你每週都試著給我信心，這真的很有幫助，但是我自己也知道，我聽起來不像一個正統的公共廣播人。」

艾力克斯的臉露出大大的微笑。「克莉絲汀，我並不是要增強你的信心，我只是告訴你事實。是的，你是對的，你聽起來不像公共廣播產業的任何人。你聽起來就像你，而這就是你厲害的地方。」

聽到這些話，讓我改變看待自己在節目上的聲音的方式。而且聽完這段話後，我再也不會拿我的聲音跟其他人比較。我只會試著讓自己在節目上的聲音，聽起來更像我本人的聲音。

13

該找主持搭擋嗎？

我喜歡有主持搭擋。我也喜歡當別人的主持搭擋。我曾經在三個節目中擔任固定主持人，而在這些節目中，我都是充滿活力的主持搭擋兩人組的一員。當然，並不是每個節目都需要主持人。有一些我最喜歡的節目都是由一位主持人單獨主持，也會讓我不停地發笑。

請容我向你說明，和別人一起主持與單獨主持相比的優勢是什麼。

首先，是你們之中的一人可以擔任「襯托」的角色。在文學、電影和其他娛樂媒體中，襯托是與另一個角色形成鮮明對比的角色。

我最喜歡的「襯托」例子，可以在葛瑞琴‧魯賓的《Happier with Gretchen Rubin》節目聽到。如果有人不熟悉她的話，葛瑞琴‧魯賓是寫出《過得還不錯的一年：我的快

樂生活提案》（*The Happiness Project*）、《這樣開始也不錯，擺脫束縛的一年》（*Outer Order, Inner Calm*）等眾多暢銷書的知名作者。在她的節目中，她會提供改變生活習慣的具體建議，想要過得更快樂的人就可以照著她的說法去做。葛瑞琴對自己的生活習慣很自律，她經常稱自己是「推廣快樂的惡霸」。

但是葛瑞琴並非獨自主持節目，她的妹妹莉茲·克拉夫特和她一起主持。莉茲是一位編劇，她從不避諱公開談論自己生活中的混亂，從對 Candy Crush 遊戲上癮、對好萊塢提案會議的焦慮，到她想要將所有衣服都扔到臥室地板上的想法。她有壞習慣，而且，她並不擅長依照葛瑞琴所建議的好習慣來改變自己的生活。如果要概述她們在節目中的角色，葛瑞琴是快樂生活的專家，而莉茲是典型聽眾的替身。她們兩人在一起是完美的平衡，她們互相襯托著彼此。

但是，襯托的關係不只為節目帶來平衡。好的襯托關係還應該突出彼此的差異。節目上的衝突聽起來很有趣，而且不同的觀點會吸引聽眾的興趣。想一想浪漫喜劇中的典型雙人組合，他們既互相契合又相互吸引，但他們的相異程度也足以產生火花。他們互問難以回答的問題、將彼此拉出他們

的舒適區、點出彼此話語中的問題，然後互相讓對方（以及聽眾）笑了起來。

另一個有搭擋主持人的優勢和多元性有關。如果你想要了解多元性的重要性，請回頭閱讀「第11章：著重多元文化」（第78頁）。當然，有人一起主持的好處不僅在於多元化、對比、平衡和所有節目聽眾所感受到的體驗，搭擋主持的好處，還發生在沒有麥克風的地方。

我可以非常誠實地說，當人們仰賴我的時候，我會把事情做得更好。這適用在所有的事情，從寫這本書——為我的編輯凱西‧瓊斯（Cassie Jones）歡呼——到早上起身下床（我要在這裡謝謝所有我曾經共事過的人）。我討厭讓別人失望，而當我對其他人（尤其是一位主持搭擋）負責時，我做事情的成效更好。

以《By the Book》為例，我享受做所有和實際的節目製作不相關的事情，包括提議在節目中做為生活憑據的書籍、制定節目製作的時間表以及和聽眾在社群媒體上互動。但是，當涉及到和節目製作相關的實際工作時，如果不是因為喬蘭塔指望我做，我不確定我會做任何事情。

這是因為，我們的節目很難做。我們必須每兩週從頭

到尾看完一本書，將書中的生活原則歸納精簡成 5 到 10 個簡單好懂的步驟，按照書中的生活原則過生活，同時記錄我們的私人生活，然後將所有聲音檔案依據節目的敘事情節整理，以便我們之後可以去錄音室錄製這集節目。這還只是某集節目第一次試錄的工作而已。

這已經夠辛苦了！而且，我甚至不用將它們全部剪輯在一起！我們有一個了不起的製作人會做所有這些剪輯工作！有時候，這讓我只想整天穿著睡衣，在 Twitter 上發布可愛動物的網路迷因。然後我會記起，我並不是一個人，而且我很確定，我不想讓我在主持工作中的另一半失望。她仰賴我，我也仰賴她，我們共同承擔這些責任。

關於主持搭擋的最後一個優點是：有主持搭擋會很有趣。或者，我應該說，有主持搭擋對我來說一直都是一件好玩的事情。那是因為我的主持搭擋不僅激勵我保持專注，還與我一起笑看我們因為擔任主持人而在生活中所鬧的笑話，當我感到壓力沈重時，他們會安慰我，並教會我許多關於如何當一個更好的主持人，與如何成為一個更好的人。我把現在和過去的所有主持搭擋都視為朋友，就算在最初，他們只是某個我被要求透過麥克風進行對話的有才華的人。

此時，你可能會說：「哇，這聽起來真棒！我想⋯⋯我需要一位主持搭擋！怎麼會有人在沒有主持搭擋的狀態下做節目呢？」但是同時，你也可能會說：「哦，不！我不知道如何找到主持搭擋。怎樣才有可能找到主持搭擋呢？」我的朋友，請不用擔心，這是我給你的建議：

1. 找你曾經一起共事且合作愉快的人。無論這些合作愉快的經驗是發生在專業的職場環境、在志工的演出活動中、學校的課堂小組、在宗教的禮拜堂或是在你的社區裡。如果你們過去合作良好，你們在未來也很有可能會合作良好。

2. 找那些你仰慕他們作品的人，來當主持搭擋。這也許是你在 Podcast 課程中碰到的人，或是你在 Podcast 領域的聚會或論壇中碰到的人，你喜歡他們所展現的能量，並且認同他們在自己的領域中很出色。也許是某個人曾經主持過你喜歡的 Podcast 節目，而你想角逐成為他們的下一個主持搭擋。不要害羞，詢問、和對方碰面，並討論你的想法。

3. 找技能和身分可以和你互補的人，來當主持搭擋，而不是找你可以與之匹配的人。看看你的周圍，我向你保證，他們無處不在！例如，如果你是自學的木工，想主持一個和手工藝有關的節目，你可以找一位木作的歷史學家。如果你

是喜劇愛好者，想主持一個喜劇相關的節目，你可以找一個真正有上台表演講笑話的人。

4. 在試著和某個主持搭擋合作後，不要怕再找另外一個主持搭擋嘗試，然後再找另外一個主持搭擋嘗試。為了找到化學反應最好的搭擋組合，網路播出的 Podcat 節目經常會找多對主持搭擋做測試。你也可以這樣做！事先告知每位候選人，為了找出在節目中和你搭擋有最佳效果的人，你將嘗試和幾位不同的人試錄。並且要明確讓他們了解，如果最後沒有選中他們擔任你的搭擋，並不是針對個人，而是以你們兩個人相輔相成的效果作為考量。

14

掌握搭擋主持的藝術

　　我很幸運，我不曾和主持搭擋拆夥，而這都歸功於我的主持搭擋們。他們都很勤奮、有耐心，而且是最一流的專業人員。他們來錄節目的大部分時候，都是準備好的狀態。就算他們沒有刻意做準備，在節目中他們也會遵守「是的，而且」（yes, and）原則。

　　任何熟悉即興喜劇的讀者都知道，「是的」原則基本上表達的是：「無論你將對話帶往哪個方向，我都會跟著你。」例如，假設你的節目聚焦在汽車上，而今天節目的主題是油耗少且行駛里程遠的汽車，節目的第三段內容和電動車有關。為了這段節目內容，你和你的主持搭擋各自準備了一、兩台電動汽車的資料。問題是，你希望從你最喜歡的車 Prius 開始談起，但你的主持搭擋開始談起了她最喜歡的 Tesla。如果你任性且不專業，你可能會大喊：「我先講！我的車更

好！」或「可惡！如果你要談論 Tesla，我就要隨便亂談海
獅！」但是，一位遵循「yes, and」原則的主持人，會允許對
方解釋挑選 Tesla 電動車的原因，就 Tesla 的優點、缺點進行
對話，然後才開始談 Prius 汽車。請注意，我並不是說，你
必須贊同你的主持搭擋對 Tesla 的看法，這是虛偽且無聊的。
但是我確實贊同，要當一個說「yes, and」的主持人，而不是
當會說「不！我應該要是節目中心」的主持人。

　　這在很多情況下，需要你跟你的主持搭擋輪流主導談
話。你不能自己攬下所有的說話工作，你的主持搭擋也不行。
你們需要力求平衡。其他共同主持的技巧：

　　1. 了解你們各自在節目中的角色，或是，了解你們該
「扮演」什麼角色。這代表，要知道你是信徒還是懷疑論者，
你是自由主義者還是保守主義者，你是遵守規則的人還是崇
尚自由精神的人。舉例來說，我和雷夫主持《Movie Date》
的時候，他是專業的電影評論家，而我代表普遍喜歡電影的
聽眾。就角色的個性而言，我是那個常常在節目中大笑的人
（以至於有些聽眾因此批評我），雷夫扮演的則是比我更講
究專業的角色。

　　2. 決定你在節目製作過程中的角色，並在需要時適時地

切換至這些角色。舉例來說，在《By the Book》節目中，我除了寫我自己要分享的故事外，我通常還負責寫講稿中的書摘和作者簡介。喬蘭塔寫她自己要分享的故事。然後我們會一起整理某本書的生活原則。喬蘭塔還負責寫所有的重錄腳本（這是在每一集節目製作時，我們用來第二次錄製的腳本，其中包括改正錯誤與加上需要的資訊）。

3. 計劃、計劃，做計劃！你必須預先知道自己在每集節目中要談的內容，然後在錄製前做詳細的規劃。不要來錄音卻不知道自己要說什麼，或不知道彼此將貢獻什麼樣的內容。這只會導致衝突。

4. 做好你份內的工作。是的，有時候，你們之中的某人會比另一個人做的更多，但是，如果這些狀況經常發生，那麼衝突就會累積。不要讓這種狀況發生！彼此好好討論，找到新的方法來確保每項任務都有良好的控管，或是可以考慮重新分配每個人該做的任務。

5. 將你的主持搭擋視為夥伴，而不是競爭對手。把你的自尊心放到一旁，好好和主持搭擋討論有效的方法和無效的方法，並儘力做可以讓彼此感覺更體面的事情。

15

處理主持搭擋間的衝突

　　正如我說的，我在和主持搭擋合作的這一路上，都非常幸運，我的主持搭擋都是傑出的專業人士和好人。但是，並非所有 Podcast 主持人都如此幸運。我也目擊了其中一些搭擋主持的災難。

　　在某一個案例中，該節目的男主持人是……我該如何委婉地表達呢？哦，是的，他是個脾氣暴躁的混蛋。他同時深信自己永遠是房間裡最聰明的那個人，而且害怕與他共享麥克風的任何人會搶走他的風頭。在節目中，他會搶搭擋主持人們的話，並用「比較好的問題」和「修正」屢屢打斷了他們的訪問。在節目以外，他會抱怨他們，並拒絕合作。注意哦，我說的是「搭擋主持人們」，我用的是複數。這是因為，他很快地連續換了三位主持搭擋。這個傢伙以一百萬種方式展現他的不專業。他並未將主持搭擋視為夥伴，而是像敵人

一樣地攻擊他們。當然，這是一個非常極端的例子，但是除了這個例子以外，還有更多不和睦的案例。

例如，有些好朋友就是不該一起主持節目。是的，我知道你們是最好的朋友。你們的世界觀非常一致，而且你們在一起的時間永遠不會感覺膩！但是，即使你的 Podcast 只是一種興趣，它仍然是一種事業，而和朋友一起創業可能有很大風險。

如果你們其中一人的工作習慣會讓另外一個人受不了，該怎麼辦？萬一你們之中某一個人是超愛拖延的人，而另一個人只好主動完成所有的工作，該怎麼辦？如果你們之中的某一個人總是準時，而另一個人沒有什麼時間觀念，該怎麼辦？如果你們之中某個人比較會理財，而另一個人，嗯，沒有什麼金錢觀念，該怎麼辦？

當然，我必須再次提醒讀者，《By the Book》是我與一位朋友（偉大的喬蘭塔・格林伯格）所共同主持的節目。但是喬蘭塔和我一開始的關係並不是朋友。我的意思，是我們幾年前是以同事的身分認識，在同一個廣播電台的同一個節目，每天打卡上班。因為我們是先當同事，之後才成為朋友，然後成為主持搭擋，所以我們很清楚彼此的強項與弱點。我

們了解彼此在職場上溝通的方式。我們知道彼此對時程規劃和截止日期的態度。而且，我們知道我們喜歡一起共事。因此，在她一開始找我一起主持《By the Book》的時候，我就非常有信心，相信我們可以合作愉快。幸運的是，我的信心一遍又一遍地得到了正面回報。

在選擇與任何人合作主持之前，我的建議是：想一下在製作節目的過程中，可能發生的所有最壞情況，以及你們個人會如何處理這些情況。另外，想一下那些乏味且日常的瑣事，這包括從回覆電子郵件到多次剪輯節目音檔等工作，你們兩人都會做完平均分攤的工作嗎？如果事情變得困難，你覺得對方是你可以坦率與之溝通的人嗎？你們可以建設性地一起訂定解決方案嗎？有時，難過的是，這些問題的答案是否定的。

而有時候，一開始一切都很棒，然後就走下坡。你知道我之前提到的那個自我的混帳主持人吧？他的三位主持搭擋中的任何一人都沒有預料到，他會變成一個針對他們的惡霸。他一開始的表現是他很享受有這些主持搭擋的表現。我其他一些有主持搭擋的朋友，有相似的故事：一開始，他們很喜歡一起工作，但是最終，製作節目的壓力會引出某人性

格中最糟糕的部分。

那麼，如果你已經盡了最大的努力，但是你和主持搭擋的合作還是不順利，該怎麼辦？老實說，我的朋友們，我認為你應該直接停止你們的合作關係。

當然，與主持搭擋中止合作很糟糕。這就像是辭掉工作的同時，夢想也破滅了。但是，我要請你思考以下事情：

1. 你知道孩子們總是知道他們的父母（或爸爸和爸爸，或媽媽和媽媽）是否在吵架吧？這個嘛，即使你已經盡自己最大努力讓聲音聽起來很快樂，聽眾就跟孩子一樣聽得出來。我是從個人經驗中知道這一點。你知道我一直在提的那個攻擊他人的主持人吧？好吧，我是他的固定來賓之一，有時候，當我和他在節目中對談時，他會以一種屈尊的語氣和我說話，即使我盡力以幽默和「yes, and」能量來回應他的尖酸話語，聽眾還是會來信詢問，他為什麼對我如此不滿。

2. 如果你們以朋友身分邁入主持搭擋的關係，請記住，真正的友誼是多麼珍貴和美妙。你可以與這個星球上的其他一百萬個人共同主持。但是如果你剛剛經歷最好的約會，或是最糟的工作日，有多少人是你可以在深夜打電話的對象？

3. 如果一個節目製作起來不再有趣，那這個節目無論如

何都會死掉。讓大多數 Podcast 得以持續的唯一方法，是主持人或主持人們對節目的熱愛。所以，請不要讓節目死掉，好好讓節目結束，最後給聽眾留下一個深刻的好印象。

簡而言之，請與你的主持搭擋進行那些困難的對話。如果那些困難的對話沒辦法讓你找到可以繼續合作的愉快方法，那麼，請你和主持搭擋進行最艱難的那個對話。我保證，在這之後，你會覺得如釋重負。

第四部

來賓

16

邀到你夢想的來賓陣容

　　朋友，我要在這裡告訴你一些聽起來像是前輩在自捧的話，那是因為，這就是自捧沒錯：我是一流的來賓邀請者，而且我不在乎我邀請的人有多瘋狂。

　　你需要找聖誕老人來講一個故事，但又不真正揭開聖誕老人是否存在的事實？我去找。你需要一位基督教女同志媽媽，當男童子軍聲稱他們的組織不能和任何同性戀成人有關，因為同性戀不是「好的基督徒」時，這位媽媽恰好是某男童子軍團隊的領隊？我來幫你。你需要幾位來自美國各地的名人，來談為什麼他們每個人都來自美國最偉大的音樂城市嗎？我可以幫忙。

　　事實是，我在不到三天的時間內，就邀到了所有上述的來賓，包括一位完成聖誕老人學校訓練的聖誕老人；一位美國中西部的基督教女同志母親，她自豪地帶領兒子的童

子軍隊伍；以及，包括至上女聲樂團（The Supremes）的瑪麗・威爾森（Mary Wilson，來自底特律）、烈火紅唇合唱團（The Flaming Lips）的韋恩・科因（Wayne Coyne，來自奧克拉荷馬市）與移居至紐約布魯克林區的雷吉・華茲（Reggie Watts）等音樂家們，到節目上來談對自己的故鄉有多自豪。

有時候人們會問我，我為何如此擅長於邀請來賓。直接的答案，是我喜歡做這件事情。我喜歡做尋找適合人選的偵探工作。我喜歡參與尋寶遊戲，而這裡的大獎，就是一個引人入勝的故事，我喜歡這種追尋。

但是，除了我對這項任務的熱愛之外，我所有邀請來賓的敏銳度背後，還有一些比較具體的秘密：我是一流的煩人精。我的意思是：

1. 我會用所有的方法來找到某個人，然後煩他們（或他們認識的人），直到我快要惹惱他們為止。

2. 我會同時纏著很多人。以每個來賓的空缺而言，我通常會聯繫至少 10 個可能上節目的來賓。

但是，等等！我話說得太遠了！如果你根本不知道該煩誰，那要怎麼辦呢？

這一切的基礎，是了解你想講的故事。在聖誕老人的例

子中，我正在彙整一系列節慶相關的故事，所以我開始在網路上尋找未被廣泛報導的故事。在女同志男童軍領隊的例子中，我當時正在整理當天其中某個主要故事，我知道我想以一種其他媒體管道沒有的角度，來處理這則故事，在理想情況下，是以更人性化的方式來闡述。而音樂家和城市的例子，是來自於我一直在找和美國其他地區聽眾互動的方式，而我決定做「虛擬的公路旅行」，為每個城市配樂，並找當地的名人做導覽。

上述這些邀約節目來賓的例子，都是發生在我擔任某個每日新聞廣播節目的藝文新聞製作人的時候。也因為藝文是一個龐大且廣泛的主題，我負責的故事內容差異也很大。如果是你的 Podcast 節目，我猜事情會比較聚焦（我希望是如此）。

但是，回到如何敲定來賓的問題。我在此將依照你主要可能尋找的來賓類別，提供給你建議，分別是真實素人、專家和名人。

真實素人

在這個產業中，當我們說「素人」時，是指受到某個故事影響，或身處故事核心的人（例如基督教女同志男童軍領隊）。素人有時會被稱為「無腦的人類興趣」故事，尤其是像我製作的那則有關聖誕老人學校的故事。但是我有不同的看法。我認為素人的故事，可以為我們難以理解的故事提供更多背景，反映出政府政策和世界上的重要事件如何影響每一個人，並讓我們聚焦於我們身而為人所具有的人性上。多半時候，我們每個人的故事都是真人真事。但是，雖然真實的人們無所不在，但是真實的人有時是最難邀請的節目來賓。以下是找到他們的一些方法：

1. 透過朋友、家人和前同事。有很多記者都是靠口耳相傳找到消息來源，而我自己也用這種方式找到了一些很棒的來賓。我會在我的社群媒體發布資訊、打電話給我知道在特定社群中有強力人脈連結的朋友，並尋求我所參與的特定社群和社交團體的幫助。但是我要警告你，透過這個方法，你可能會找到和你以及你的朋友有共同點的人，而不是和你的故事有共同點的人。令人遺憾的是，就地理位置、種族、階級、教育程度、宗教、政治傾向等方面而言，大多數人的圈

子並不像他們想像的那樣多樣化。因此，不要將這當作主要的方法。

2. Google 搜尋那些你害怕搜尋的字詞。我在多元文化的章節已經分享過這個方法，而我要再說一次：你所有要找的東西就在那裡，你只需要輸入這些字詞。這包括「女同志」和「基督徒」，以及所有其他可能讓你覺得自己在標籤和分類他人的字詞。Google 這些詞的同時，你知道自己這樣做，將可以讓某些人被看見和聽見。你在 Google 這些詞時，你知道他們對你的故事有幫助。請你 Google 這些詞，我跟你保證，你可以找到社群團體、教堂、倡議團體、媽媽部落格以及其他你所需要的資源。

3. 發電子郵件、打電話，然後再寄出更多郵件。這意味著透過人們的私人電子郵件地址、工作的電子郵件地址、個人 LinkedIn 頁面、Facebook 帳號、以及企業組織的「與我們聯繫」表單發送資料。這意味著打電話給他們，而在某些情況下，則是打電話給其他人，請他們幫助你找到這些人。這意味著在 Twitter 上私下發訊息給對方，然後，如果這沒有用，就在 Twitter 上公開發推文給對方。請你不要變成跟蹤狂，但是如果有時候第一種和第二種聯繫方式不被注意到、

成為垃圾郵件或者被忽略時，請你堅持不懈。（當然，你也必需友善和專業，並讓可能上你節目的來賓清楚知道，上你的節目他們可以獲得什麼。可能是他們可以擴大他們的觀眾群，或是他們可以透過自己的話講述自己的故事，但是堅持不懈是真正的關鍵！）

▎專家

專家介於「真人」和「名人」之間。有一些專家很有名，其他的專家則是和我們一樣在世界各地生活著的普通人，但是他們在特定的領域受到極大的尊崇。請在網路上做一些查探的工作，找出你的專家偏向哪個類別。如果你想找的專家更像是「名人」，請你跳過下面這段，直接看後面邀請「名人」的部分。如果不是，請你繼續往下讀：

1. 如果你知道自己想邀請的特定專家是誰，且這位專家隸屬於大學、博物館、政府機構、企業或組織，那麼你很幸運。這代表你可以在網路上找到聯絡的資訊，或是透過幾通電話即可輕鬆找到聯絡資訊。直接寫信給這些單位，打電話去他們的辦公室。然後，如果你沒有收到回覆，就聯繫他們所在機構的公關部門。

2. 如果你知道你想邀請的特定專家是誰，但是這位專家不隸屬於任何組織，那就用 Google 搜尋。他們很可能有個人網站、公司網站、Twitter 帳號、Instagram 頁面，或是其他你可以直接聯絡的方式。

3. 如果你不知道該找哪位特定的專家，但是大概有概念想找的是太空人、物理學家或是老師，請你用這幾個詞進行 Google 搜尋。你很可能會找到不同專業領域的社團、專業交流團體等等。然後，發電子郵件給他們，並打電話，然後再多寄幾封電子郵件。

▌名人

名人，很顯然就是有名的人，但是有時候，他們卻不一定有顯著的名聲。例如，我們都知道電影明星和獲得葛萊美獎的音樂家很有名，但在某些情況下，經營 Instagram 帳號和 YouTube 頻道的人，也會因為他們的影響力而成為名人。當你與名人打交道時，請做好被拒絕的準備，就算他們答應你的邀約，你也要做好準備，他們可能會取消出席。名人總是會收到很多媒體訪問的邀約，有時候某個名人先答應你的邀約，但是之後卻會因為有更重要的採訪機會而取消你的邀

約。但是，雖然有這麼多讓人頭痛的事情，邀請名人參加節目還是做得到的！我曾經在不到一週內的時間敲定泰勒絲上節目，在一天內敲定奧運金牌得主上節目。方法如下：

1. 大多數名人都由同樣的幾家大型經紀公司代表，像是創新藝人經紀公司（Creative Artists Agency，簡稱 CAA）、威廉・莫里斯奮進娛樂公司（William Morris Endeavor，簡稱 WME）、聯合人才經紀公司（United Talent Agency，簡稱 UTA）、模範人才經紀公司（Paradigm）等。用 Google 搜尋，找出哪家經紀公司負責經營你要找的名人。

2. 致電經紀公司。接待員接起電話會說：「CAA 洛杉磯分部。」然後你會回答：「我是一位新聞記者，想要找某某某的經紀人。」接待員會將你的電話轉給該經紀人的助理。然後你會對助理說：「你好，我是一位新聞記者，我想和某某某的公關人員聯繫。」經紀人的助理會提供給你，你在找的公關人員的姓名和電子郵件資訊。

3. 寄電子郵件給這位公關人員。寄給他們簡短且有力的說明，清楚闡述他們所經營的知名客戶出現在你的 Podcast 節目中會有什麼好處（請看第 117 頁的提示）。

4. 如果是最近剛寫過書、出現在電影裡或發行新專輯的

名人，他們很可能正在做巡迴宣傳，並且接受大量的採訪。如果是這種情況，請直接與書籍的出版社、電影製片公司或唱片公司的公關部門聯繫，並明確說明你打算請他們來談新作品（即使你打算提出一些與這些新作品**不相關**的問題）。

5. 有些名人同時也是慈善家。如果你想找人來談某個慈善機構，而他們是代表的宣傳大使，或是，找他們來談他們在基層所做的努力，這有時候是最簡單開口的邀請的。聯繫這些機構的公關團隊，並明確讓對方瞭解，你會以正向的角度呈現他們的故事。

如何寫好一封邀約節目來賓的陌生開發信

- 在標題欄位寫上「採訪邀約」，然後再加上一些資訊。（例如：婦女參政 Podcast 節目邀請 Carly Martinez 受訪。）

- 在電子郵件的內文介紹你自己與你的節目。（例如：親愛的 Martinez 女士：我是 Marcia Washington，Podcast 節目《未來女性》的主持人。在每一集的節目，我都會與一位競選公職的女性參選人對談。）

- 說明你想訪問聯繫對象的原因。（例如：因為您堅持推廣第一代移民的教育，我認為您是我們節目的完美來賓。我們節目的很多聽眾，也特別希望能聽到競選教育機構執掌者的聲音。）

- 告知對方你需要他們的時間、訪問會花多長時間以及聯繫的方式。（例如：我很希望可以有這個榮幸，在三月的最後兩週，於美國東岸上午 11 點到下午 3 點之間的某個時段訪問您。訪問的時間大約 15 分鐘，可以透過 Skype 通訊軟體進行。）請記得要說明時區，因為你的來賓可能來自世界各地！

- 讓對方清楚知道如何與你聯繫。（例如：請回覆這封電子郵件，或是致電 555-123-4567，讓我知道，您是否可以於這段時間受訪。我非常希望您能來上我們的節目。）

- 在你的簽名檔放上更多的節目資訊、之前上節目的來賓陣容，以及你的網站與社群頁面的連結網址。
- 如果你沒有在信中寫到「請」和「謝謝」以及對他們說好話，那代表你寫的信有問題。
- 簡潔且說重點。如果你的信超過 12 句話，代表這封信太長了。
- 你的完整信件應該要像是這樣：

標題欄位：婦女參政 Podcast 節目邀請 Carly Martinez 受訪

親愛的 Martinez 女士：

我是 Marcia Washington，Podcast 節目《明日女性》的主持人。在每一集的節目，我都會與一位競選公職的女性參選人對談。

因為您堅持推廣第一代移民的教育，我認為您是我們節目的完美來賓。我們節目的很多聽眾，也特別希望能聽到競選教育機構執掌者的聲音。

我很希望可以有這個榮幸，在三月的最後兩週，於美國東岸上午 11 點到下午 3 點之間的某個時段訪問您。訪問的時間大約 15 分鐘，可以透過 Skype 通訊軟體進行。

我知道，您是否可以於這段時間受訪。我非常希望您能來上我們的節目。

感謝您寶貴的時間與體諒。

Sincerely,
Marcia Washington

《未來女性》主持人
電話：555-123-4567
Twitter ／ Instagram ／ Facebook _____（網址）_____

　　《未來女性》是報導女性競選公職候選人的節目。曾經參與過節目的來賓包括 Jenny Nguyen、Sherry Patel、和 Crystal Wilson。在過去一年，《未來女性》的下載次數已超過一萬次。

17

讓來賓和你自己都做好準備

　　恭喜你！你所聯繫的來賓回覆了你的訪問邀請，並請你提供更多資訊，現在你該做什麼？你有以下兩種方式可以敲定邀約。

▌ 第一種選擇：敲定邀約

　　在某些情況下，你知道無論如何你都想要某個人上節目。你從他們上其他節目的表現，或是看 YouTube 的影片，而知道他們是厲害的講者。你知道自己喜歡他們，也不想浪費他們的時間，只想讓事情盡快定案。在這種情況下，請立即回信。向對方表示感謝，敲定訪問的確切時間，並告知對方地點（例如，如果對方需要到錄音室的話），或是他們會透過什麼方式受訪（Skype、電話或是其他方式）。重申你會佔用對方多長時間以及你對這次採訪非常期待。然後，再次

感謝對方。

▍第二種選擇：做節目前的預先訪談

　　如果你想進一步了解你的節目來賓，請和對方安排時間用電話做預訪。預訪是透過簡短對話溝通正式訪談將會討論到的議題。你可以透過預訪來先了解，你所邀請的來賓是否是最適合節目的受訪者，他們的經歷是否足以傳達你想傳達的訊息，以及，他們是否能夠用以令人信服的方式講述自己的故事。提醒你，雖然世界上的每個人都有著很棒的故事，但有些人卻不擅長說自己的故事。那麼，預訪該怎麼做？你在預訪時該說什麼、該觀察什麼？

　　1. 向對方解釋你的節目內容，不只告訴對方主題，還包括你的 Podcast 風格。如果你的節目風格是用輕鬆幽默的方式談嚴肅的議題，請先向對方說明清楚。你的來賓應該要知道在節目上可能碰到什麼樣的狀況，讓他們不僅有機會為你提供你所需的內容，更有機會提供事件的來龍去脈。

　　2. 向對方清楚說明，你不會將預訪的內容錄下來，你只想透過問對方幾個問題來更了解彼此。

　　3. 預訪的時間最好是 10 分鐘或 10 分鐘內，請簡短。我

知道我已經說過這點，但這有時可能很難做到。在我剛開始做節目的時候，我有時候會太過於投入於預訪，以致於不小心和來賓聊太久，時間甚至比正式的訪問還長。

4. 不要連續唸出你想問的問題。請記得，預訪只是一個讓你可以更仔細了解節目來賓的機會，預訪不該重複你在正式訪問時會做的工作。而且，如果你讓他們先知道所有你想問的問題，那麼在之後雙方坐下來真正訪談時，就不會產生任何火花。（當然，有些人會堅持你預訪時要和他們一起順過所有可能問的問題。這些人討厭意外，並且沒有想到，如果預先知道所有問題，他們在正式節目中會聽起來有多僵硬。我的建議是，你就和他們順過 5 項主要的重點，並明確告知對方，你希望訪談可以聽起來像是自然的對話。在我過去幾年的經驗，我在預訪時沒有碰過對此不滿的來賓。）

5. 聽他們說些什麼，並且記筆記。他們的經歷是否符合你想在節目中闡述的內容？他們是否願意詳細訴說他們的故事？

6. 注意他們的能量狀態。如果他們在預訪時感到厭倦、無聊或是分心，請不要指望他們在節目中會突然搖身一變成為活潑開朗的人。

如果預訪進行得很順利，你就可以在電話上和對方敲定訪談，然後，在預訪後再發一封確認的電子郵件，提供你的來賓訪談當天相關的所有詳細資訊。

如果預訪進行得不順利，請縮短對話的時間，然後謝謝他們寶貴的時間。然後，在 24 小時內，寄送電子郵件給對方，在信中再次感謝對方，並向對方道歉，告知你決定用不同的角度切入你的故事。如果你的個性跟我很像，寄這類的電子郵件將會讓你感覺很糟，但是我保證，這件事會變得越來越容易！請記住，當你已知道訪談不符合你的需求時，這樣做是在讓他們不要浪費更多的時間。希望當你對於節目所需的來賓有更深入了解時，發生這種狀況的頻率就可以降低。

如何寫一封確認邀約的電子郵件

- 在標題欄位寫上「確認」，然後寫上節目和訪談時間的詳細資訊。（例如：「確認：Podcast 節目《遛狗人俱樂部》訪談，美國東岸時間 6 月 2 日上午 11 點」。）
- 在電子郵件的內文感謝對方協助預訪（如果對方有讓你預訪的話），並且表達你很期待他們上你的節目。

（「親愛的 Doug：非常感謝您剛剛撥冗和我聊聊你幫名人遛狗的經驗。我非常期待下週您上《遛狗人俱樂部》的 Podcast 節目。」）

- 提醒他們訪談的時間、會花多久時間與訪談的方式。（「提醒：訪談時間訂於 6 月 2 日，美國東岸時間上午 11 點。訪談的地點是芝麻街 123 號，XYZ 工作室。訪談的時間約 25 分鐘。）

- 讓對方知道，如果有問題可以聯繫你。（「如果您在訪談前有任何問題，請不吝來信告知或來電 555-123-4567。）

- 再次感謝對方，並表現熱忱。（「再次感謝您的協助，期待下週二的訪談！」）

- 如同你的陌生開發信件一樣，在你的簽名檔寫上節目資訊與過去的節目來賓，以及連結到你的網站、社群貼文的連結網址。

- 完整的電子郵件應該要如下：

標題欄：確認：Podcast 節目遛狗人俱樂部訪談，美國東岸時間 6 月 2 日上午 11 點

親愛的 Doug：

非常感謝您剛剛撥冗和我聊聊你幫名人遛狗的經驗。

我非常期待下週您上遛狗人俱樂部的 Podcast 節目。

提醒：訪談時間訂於 6 月 2 日，美國東岸時間上午 11 點。訪談的地點是芝麻街 123 號，XYZ 工作室。訪談的時間約 25 分鐘。

如果您在訪談前有任何問題，請不吝來信告知或來電 555-123-4567。

再次感謝您的協助，期待下週二的訪談！

Sincerely,
Tamika Walker

《遛狗人俱樂部》主持人
聯絡電話：555-123-4567
Twitter ／ Instagram ／ Facebook _____（網址）_____

《遛狗人俱樂部》由榮獲五屆辛辛那提年度遛狗人的 Tamika Walker 所主持。在每一集的節目中，Tamika Walker 會和以遛狗為生，或只是單純享受和狗一同散步時光的職業遛狗人對談。

18

如何主持專業的訪談

　　訪談可能很令人害怕，一開始總是如此。你想問來賓你的題目，但又不想聽起來像是你在唸題目。你希望自己聽起來健談，但是又不至於健談到離題百萬次。你想讓來賓呈現他們最好或最有趣的面向，同時，你也想引導他們展現出意想不到的另一面。你需要花很多精神注意這些事。

　　有些人天生就是主持訪問的料，說到訪問，我會想到幾年前我合作過的主持人珊姆‧札貝爾（Sam Zabell）。珊姆那時候剛從大學畢業，在家庭與教養雜誌《Real Simple》（真實簡單）工作，並主持該雜誌的 Podcast 節目《Adulthood Made Easy》（簡單轉大人）。在每一集的節目中，珊姆會與不同的來賓對談，對談的主題包括工作面試、學貸欠債、應付討厭的室友與參加高中同學會等。不論坐在她身旁的來賓是誰，從暢銷作家到名人，從投資銀行家到第一次獨立生活

的年輕人，她總是聽起來真誠且好奇，而來賓也聽起來真的很有趣。

厲害的是，珊姆從來不唸腳本上所列出的問題。她會寫下幾個重點，但是她很少看它們。反之，她所做的就是和來賓對話。她至今仍是我碰過最自然的採訪者，我們一起工作時，我對她的表現非常讚賞，時至今日，她的表現仍然令人讚嘆。

但是，親愛的讀者，當你和一個完全陌生的人一起坐在麥克風前，我並不期望你可以立刻變成下一個珊姆・札貝爾。珊姆總是將她訪問時的魔力歸功於「好奇心」，而我可以肯定，你也具備這樣重要的特質。你就跟珊姆一樣，對人們以及他們的故事感興趣，你享受更深入瞭解他人。你認為，每一次只要有兩個人建立起關係，我們就往更好的世界邁進一步。因為你認同這些事情，你才會花費這些力氣去採訪他們。更重要的是，我知道你是一個很棒的主持人，因為你已經看完前面的「主持」章節了。

話雖這麼說，但我還是有一些具體的建議，只要照著做，就可以讓你和你的來賓感到更輕鬆。特別是：

1. 做好準備。在訪談前，請盡量去了解你的來賓。讓自

己熟悉他們的工作、他們喜歡做的事情、他們的成就、他們的挫敗、他們長大的地方，以及他們下一步的目標。讀他們寫的文字、看他們參與演出的電影，或是聽他們所參與的其他訪談。你不只要了解跟他們有關的事情，你還要明確知道自己想和他們對談的原因。做這些準備可以讓你在訪談的過程中更有自信，也更輕鬆自在。

2. 列出你希望對方回答的 5 個最重要問題，或是 5 個你想聚焦的重點。你準備的問題很可能超過 5 個問題，但是如果一切進行順利，而且談話停不下來，你會無法問到所有問題的答案。所以，你需要掌握 5 個最重要的重點，並且確保在訪談中一定要談到它們。

3. 讓你的來賓感到賓至如歸。感謝他們光臨，讓他們知道你非常高興可以有這次訪問的機會。讓他們了解訪談大致的氛圍。（「我們會輕鬆、簡單地談談你的第一份工作。」）提醒他們談話會花多久的時間。讓他們知道這是錄音的訪談，不是現場直播，所以他們在談話中可以隨時重述或改正自己所說的話。

4. 從讓來賓感到輕鬆的問題開始提問。不要一開始就開門見山地問：「你為什麼要從你經營的冰淇淋店挪用公款？」

先聊背景故事、冰淇淋，然後才是對方的工作。

5. 多聽對方講。當然，我們已經知道，因為你很好奇，所以你會聽對方講話。但是有一些主持人確實不太擅長傾聽。有一位我曾經共事的主持人，非常堅持要提出他自己的觀點和故事，導致他的大部分採訪，內容幾乎都是他在說話，而不是來賓的話。請你避免像這位主持人那樣，不要讓每個訪談都是以你為中心。讓你的來賓說話，並且仔細聽他們所說的內容。

6. 接續來賓的話進一步提問。當你的來賓告訴你某件有趣的事情時，不要接著問你清單上的下一個問題。針對來賓說的話進一步提問，就像是一般人的對話那樣。讓來賓也展現像是一般人對話的那一面，看看這樣你們可以創造什麼樣的效果。無論如何，你都可以回到那 5 個你主要想談的重點。

7. 對正確的人施壓，讓他們回答棘手的問題。你有沒有聽過「softball question（不痛不癢的問題）」？就新聞術語而言，這和那些切中要害的問題相反。而當你採訪政治人物、公司總裁或是其他身負管理重任的公眾人物時，應該盡量減少或甚至不要問不痛不癢的問題。問這些放水的問題會讓你看起來像是不專業，這是在剝奪聽眾獲得有趣內容的機會，

也會顯得你對事實不在乎。就像是幾年前，有一位夜間節目的主持人採訪一位競選公職的候選人，該候選人被人發現有錄音檔錄到他吹噓侵犯婦女。但是在整個訪談中，主持人只著重在該政治人物的護髮步驟，和其他輕鬆的話題，而沒有處理在那裡顯而易見的問題。不只這位主持人在媒體上變成笑柄，這場訪談的內容也很無趣。

8. 引導他人展現人性的那一面。在大多數情況下，在對待學者（請見第 167 頁）、名人和素人時，不應該用對待政治人物的方式對待他們。引述一本流行雜誌的說法：聽眾最想知道的，是這些人和我們有哪些「共同點」。他們有什麼樣的不安全感？他們犯過什麼錯誤？他們最喜歡的老師是誰？在堪薩斯州長大的經歷中，他們最喜歡的事情是什麼？理解來賓所說的故事，讓他們知道，他們可以放心分享這些故事，適時地和他們一起大笑，並在需要的時候表現出同理心。

9. 最重要的是，做你自己。

訪談後，你該做些什麼？

　　第一件該做的事情，同時也是最重要的事情，是感謝對方。告訴對方，你感謝他們的參與，也謝謝他們寶貴的時間。然後，寄給他們電子郵件：

1. 再次感謝他們撥出時間。（不，這不會多餘，表達感謝永遠不嫌多！）
2. 告訴他們，當這集節目上線且可收聽後，你會再寄給他們連結。

　　當這集節目上線後，請遵守承諾，將網址連結寄給對方。來賓對此將會感激，如果你詢問對方，他們甚至可能將節目的網址分享在他們的社群網站，並用其他的方式幫你宣傳。

19

你該找製作人嗎？

我愛我的製作人們，我非常、非常地愛他們。他們努力讓我在節目上聽起來狀況很好。在我離題或講話含糊不清的時候，他們會告訴我。他們會剪掉讓我聽起來像個笨蛋的內容。他們是真正的超級英雄。卡麥隆·德魯斯（Cameron Drews）、琳賽·克托維爾（Lindsey Kratochwill）、諾拉·里奇（Nora Ritchie），我說的正是你們三位。

我不僅愛我的製作人們，我對他們也深感同情。他們的工作很辛苦，而且製作人的工作往往吃力不討好。當主持人獲得所有的讚譽時，製作人常常被人遺忘。我知道，因為我也當過製作人。至今，我製作了超過幾十個節目，我曾經同時手上有超過6個節目要製作。雖然有些主持人盡全力向我表達，他們重視我的工作，並且不吝在每一集節目中感謝我，但仍然有些主持人並非如此。

所以，最重要的事情，是我要提醒你：盡最大可能向你的製作人表達你的感謝，否則，你知道，我會對你非常、非常地失望。好的，既然我們已經解決了這個問題，讓我們來解決所有 Podcast 產業的新人都會有的大問題：製作人的工作到底在做什麼？簡單的答案是：除了主持以外的所有工作（雖然有時候，製作人同時也身兼備援主持人）。

　　以下是我擔任製作人時主要做的工作，以及，我的製作人曾經為我做的工作：

- 規劃節目製作的時程安排
- 產生原創的節目創意
- 敲定與預訪特別來賓
- 用主持人的說話語氣寫出資料扎實的腳本
- 為主持人設置設備與設置好遠距訪問來賓
- 接待並協助現場訪問的來賓做準備
- 管理節目錄音時的技術設備
- 在錄製節目的時候擔任導播、指揮主持人
- 剪輯節目內容，聚焦在故事性、一致性和音效設計
- 從初版剪輯的內容中發現問題，並監督補錄的工作，在補錄的時候需修正初版剪輯所發現的問題。

- 執行每集節目的第二次剪輯（有時候需要第三、第四或第五次剪輯）
- 寫出吸睛且會讓人點進節目的內容敘述和標題
- 在 Podcast 的主頻道和合作平台上發布節目內容
- 追蹤記錄廣告文案與廣告曝光的時間
- 製作符合廣告商品牌規範且引人注目的廣告素材
- 在社群平台上行銷宣傳節目
- 安排主持人參與其他節目
- 設計包含每集節目內容、媒體報導、個人簡介等資訊的網頁
- 在社群平台上和聽眾互動
- 製作現場演出的節目

當然，製作人可以做的工作，比這個清單上列出的更多！製作人還可以幫助每個人保持冷靜、提供建設性的回饋、寄大量的電子郵件和感謝信、主持各種會議、主導錄音室以外的實地場勘、在實地錄取聲音素材，甚至有時還要管理預算。

我喜歡做有聲節目的製作人，這很好玩，也很需要創造力。製作人總是有著各式各樣的任務需要做，而且我喜歡和

參與 Podcast 的所有人互動。但是製作人的工作也很難。不僅是因為有一些主持人把你的工作視為理所當然，而是要兼顧所有工作並把這些工作做好，非常地具有挑戰性，而且，製作人的某些工作非常繁瑣（對於每位製作人而言，工作繁瑣的部分不同）。

如果你剛開始做 Podcast，你可能已經知道製作人該做的工作了，因為你正在做這些工作，靠你自己單打獨鬥，我過去也是這樣子。

我和雷夫・高茲曼（Rafer Guzman）一起主持《Movie Date》時，那是我的第一個 Podcast 節目，而我同時也身兼節目的製作人。大多數時候，我喜歡身兼製作人與主持人。我喜歡自己投入於節目的每個部分的這種感覺。我喜歡邀約來賓，並且剪輯我們的對話中，所有我表現不好的片段。

雷夫當然很感激我做的工作，並且不吝於讓我知道，但是，他同時也多次表達希望我不要當製作人。「想像一下，如果你專心主持，讓其他人去做製作人的那些苦差事，這樣不是很棒嗎？」雷夫所說的苦差事，是指在我們聊到離題時有人可以介入制止，讓我們回到原本的節目架構，在剪輯節目的同時，享有剪輯節目的自信和彈性，因為你所剪輯的不

是你自己的聲音。

　　事實是，我們負擔不起聘僱一位製作人。我們偶爾會有實習生幫忙做剪輯工作，但是他們不會幫忙做導播工作或是邀請來賓，也不會做其他工作。也因為實習生不是整個正式製作流程的一部分，因此，他們永遠無法在工作上有最好的發揮。而我心中有一小部分對此狀況是滿意的，因為我還沒有完全準備好失去節目的控制權。

　　事後回想，我完全同意雷夫當時的建議。我們應該要有一位獨立的製作人。節目很棒，我們有好玩的橋段和有名的來賓，而且最重要的是，我們在節目中有很好的化學反應。但是，如果我們有另外一個人來監督我們，並且導正我們的錯誤，這個節目會優化很多。

　　在《Movie Date》結束不到一年內，我就意識到了這一點。那時，我和喬蘭塔正在 Panoply 平台一起打造《By the Book》節目，這是 Panoply 先導專案（Panoply Pilot Project）的一部分。這個專案其實是一個比賽。Panoply 選擇了四組 Podcast 創意，將其發展成試播節目集，然後由大眾投票給自己最喜歡的節目，最後獲勝的組別將獲准發整成整季的節目。

這個專案很有話題性，而且當然地，Panoply 希望所有的先導節目創意都很突出。因此，他們不只是告訴四組節目創意人，平台高層在節目發展的過程中，還會偶爾給予我們回饋意見，而且，他們還給我們每組都指派了一位製作人，而派給我們的製作人就是偉大的卡麥隆·德魯斯。此外，所有組別都由傑出的米亞·洛貝爾（Mia Lobel）擔任製作經理，蘿拉·梅耶（Laura Mayer）擔任我們的執行製作人。

和真正的製作團隊合作，這個經驗改變了我的人生。卡麥隆的耳朵專注於所有的事情，從我和喬蘭塔用麥克風說話方式的差異（你同時做主持人又做導播時，不容易察覺到這些細節），到節目的故事情節的不一致。同時，從第一天開始米亞和蘿拉就著手處理結構的問題，並且不斷思考節目開頭的那 5 分鐘該如何優化。（請看第 7 章「規劃節目的架構」與第 8 章「聚焦在節目的開頭」。）

重點在於，就算是經驗最豐富的 Podcast 主持人或製作人（我在這裡說的是我自己）也可以受益於其他人耳朵所聽到的東西。喬蘭塔和我，與所有這些有才華的人共處一室，他們聽到的細節比我們多，而且他們聆聽的時候不帶著任何自負和偏見。所以，這是我的建議：

1. 盡量學習節目製作的流程。擔任製作人讓我成為更好的主持人，而擔任主持人則讓我成為更好的製作人。了解這台機器的所有元件，代表你可以修理這台機器的任何元件，也讓你可以在問題發生前就防止某些問題發生。舉例來說，如果你在製作的時候必須要剪掉一百萬個「嗯」和「喔」，你下一次主持的時候就比較不會說出這些「嗯」和「喔」。如果你擔任主持人時，覺得腳本唸起來感覺很笨拙，下次當你戴上製作人的高帽時，你就會將腳本寫得更好。

2. 然後，如果你負擔得起，請找一位製作人。你可以在像是廣播獨立協會（Association of Independents in Radio，簡稱 AIR）的網站、有聲節目的電子郵件名單、Facebook 上面的 Podcast 社群、大學的媒體系所以及其他地方找到人選。

有些製作人擅長做來賓邀約和編寫腳本的工作，但不擅長技術相關的事務，例如和來賓的設備建立連線與操作控制器。有些製作人是傑出的音效設計師，但也許你的節目並不需要所有這些花俏的音效。我的建議，是你需要先搞清楚，你需要製作人幫你做哪些工作，然後讓你的製作人和你合作幾集的節目，看看他們能否做好這些工作。如果製作人只能挑一、兩項工作做，那就讓他們幫你做剪輯的工作，因為這

是最耗時的工作，以及做你錄音時的導播，因為在錄音室裡有人告訴你真話，可以讓節目的所有細節都更好。

3. 但是，如果你負擔不起製作人的費用（負擔得起也一樣），請一定要尋求外部人士對節目的意見回饋，不要只聽你的主持搭擋給你建議。有關這個步驟的更多資訊，請繼續看下一章！

創作人與管理者

「我是一個創作者，不是一個管理者！」

在我有製作人之前，我很常講這句話。我會這樣說，是因為我想把手伸到所有的工作裡，我會這樣說，是因為我是控制狂。最重要的，我會這樣說，是因為我希望在任何需要創造力的地方，我都可以用所有的方式來展現我的創造力。我不認為管理工作是有創造力的工作。然後，我遇到了厲害的山姆·丁曼（Sam Dingman），他是《家庭幽靈》（Family Ghosts）的主持人和創作者。山姆很享受做管理工作，他也很擅長管理，如果不是他的鼓勵，我自己可能永遠不會答應做管理職。他所說的話（經過我改寫）是：「打造團隊和管理團隊是一種有創造力的工作。這不只是做運籌帷幄的工作，你還需要找到方法來激勵團隊中的每個人，讓他們都可以達到最佳的工作成效，並且想辦法讓非常相異的團隊成員，能夠以有創造力的方式一起工作。當你們一起工作時，你和你的團隊將發揮出你從不知道自己所具備的創造能力。」山姆說得沒錯，管理職是另外一種創作的方式，而且，所有和製作節目有關的事情，其實都是需要創造力的工作。

20

找對的人尋求建議

朋友，我此生至今與很多音樂家、一些藝術家和一些單口喜劇演員約會，而我必需告訴你，很多時候，給他們回饋並不是很有趣的事情。我看著二流的表演，而且模仿挪威重金屬死亡搖滾的樂團，我並不覺得有趣。我發現自己對於那些做出醜陋藝術品的人無話可說，我連把這些藝術品掛在狗屋裡都感到尷尬，我因此對自己感到失望。聽不好笑的人全心投入於喜劇，而我無法想像世界上有任何人會付費來聽這些笑話，這令我疲憊不堪。

大部分時候，我會試著將愛對方和愛他們的藝術，當成分開的兩件事情，但是這很難區隔開來，我不免還是會受到影響。有時我會嘗試當一個好女友，去參加他們的音樂會或藝術展覽開幕、喜劇之夜或互動式對話表演。活動結束後，他們總是會問：「你覺得如何？」

如果你並不喜歡對方的創意，你如何給自己喜歡的人回饋？大多數時候，你只能說一些空話，像是「你做到了！」或是，「我覺得你實現自己的夢想很棒！」或是「我很為你感到驕傲」或「你絕對是最棒的」。

我知道，我知道！那些空洞的讚美不具有建設性，它們無法幫助你生命中那位有創造力的另一半變好。但是，老實說，當你問你心所屬的伴侶，對你特別的計畫有什麼意見時，我相信你就是會收到這些回答。

這就是為什麼，在要求回饋意見時，我有一個大原則：不要試圖向愛你的人詢問意見。這包括你的孩子、你的母親、你重要的另一半，這包括他們所有人。不要要求他們讀腳本，不要要求他們來現場錄音節目。而且，天啊，不要要求他們坐在那裡聽你的 Podcast 節目，然後你在旁邊盯著他們，邊拼命對他們微笑和點頭。

請不要拿這件事情煩他們。

現在，你可以說，「但是，等等！你的丈夫不是實際出現在每一集的《By the Book》嗎？你怎麼可以說不要找你所愛的人參與？你自己的丈夫明明就參與其中！」

這是因為即使他出現在節目中，我心愛的丈夫迪恩也不

會真的聽我的節目。他聲稱他為了展現他對我的支持，曾經聽過第一季的幾集，但說實話，我甚至不認為他有聽。

事實上，我不希望迪恩聽節目。當我們第一次約會時，我就直接了當對他說：「你該做的事情，就是不要聽我主持的節目，不要聽我當主持來賓的節目，不要聽我所訪談的節目，也不要聽我所製作的節目。你有你自己的工作，而且和有聲節目無關。你的休閒興趣就是和我相處。我不希望你變成粉絲，而且天啊，我也不希望你和粉絲站在對立面。我希望你就當我的男朋友就好。」

好吧，這個問題已經解決了，那麼，讓我們來解決真正的問題：如果你不應該向親近的人尋求回饋意見，那麼你可以問誰呢？

首先問問你自己。當節目剪輯好並且在線上發布後，請仔細聽每一分鐘的節目內容，並作筆記。在節目開始 3 分鐘後，節目的活力是否下降了？請記下來。在開始 7 分鐘後，你在第 5 分鐘開始說的故事，感覺似乎拖太長了嗎？請寫下來。不要只是記下不足之處，也要注意那些表現好的地方。

如果你有主持搭擋、製作人或其他講者，請團隊中的每個人都要仔細聽節目。在你們自己私下的時間，也就是所有

人都分開的時候，仔細聽節目，記下哪些地方讓你感到尷尬，哪些地方讓你感覺笨拙與草率，以及，哪些地方讓你發笑，或是讓你被深刻的觸動。之後，將你們的筆記用電子郵件寄給團隊的其他成員，並且討論節目可以如何改善。下一集的節目發布後，做同樣的事情，然後，之後的每一集節目發布後，都做這項工作。

詢問你的聽眾。在每一集的節目中，告訴你的聽眾，你希望收到他們的回饋。請聽眾告訴你，他們喜歡哪些地方與不喜歡哪些地方。有哪些故事是你沒有報導，但是他們希望你報導的嗎？有哪些來賓是他們希望你可以找來上節目的嗎？提供聽眾一個可以聯絡你並提供意見給你的管道。

加入 Podcast 的社團。在很多的城市都有 Podcast 的社團，或是你也可以自己創建一個社團。在一個 Podcast 的社團中，有抱負的 Podcast 創作者會分享彼此的作品，互相交流技巧，並獲得有關他們正在創作的作品的回饋。所有的社團都是如此，除了獲得大量的回饋以外，大家也期望你給予他人回饋意見，而我向你保證，這樣做也會讓你成為更好的 Podcast 創作者。

去上課進修。你在社區活動中心、藝術組織和學校都

可以找到價格合理的有聲創作課程。如果你可以負擔學費的話，那就去上課吧。這不僅是為了磨練你的技巧，也會讓你踏入一個有老師和同儕的圈子裡，你將可以向他們尋求反饋，反之，你也可以給予他們建議。

你的夢幻團隊該加入一位律師嗎？

大多數積極的 Podcast 創作者，都覺得他們的團隊基本組成是有一位主持搭擋、製作人、來賓與一些他們信任且會提供反饋的人。

但是其他人則認為，他們還需要一個人才能展開工作：律師。首先，律師對智慧財產權比較熟悉，這包括和節目名稱的所有權，或是，和節目製作素材相關的這類事情（例如音樂，我們將在第 5 部「製作」中有更多討論）。如果你想讓節目在某個平台上架或是下架，律師也會派上用場（我們會在第 6 部「發布」中有更多討論）。如果你的節目內容有可能造成一些爭議，例如報導一樁真實犯罪的故事，那麼諮詢律師也是很值得去做的事情。我自己就和許多 Podcast 產業的朋友一樣，曾經找律師談過，這個經驗讓我們在節目製作上可以更完善。

如果你想找一位律師合作，但是不確定該怎麼著手，你可以詢問 Podcast 產業的其他人，請他們轉介，然後和一些律師談談看。許多律師提供免費的第一次諮詢服務，讓你有機會了解他們是否適合你，以及是否符合你的需求。好處是，如果是透過朋友轉介，許多律師會提供服務費用的折扣。

第五部

製作

21

實際需要的設備

　　在進入本章之前，我想再次提醒你，我在本書開始時說過的話：這不是一本技術指南。我會提到一些品牌名稱，但我不會提倡你去用其中任何一個品牌。我會告訴你，我認為你需要的那些設備，但是我不會逐步教你如何使用每個設備。關於設備工具和軟體訓練的部分，我強烈建議你找生活中的真人來學習，或是觀看實際展示操作方式的影片，而不要看內容只有用口頭說的影片。

　　現在，既然我們已經說完這個前提了，我將告訴你一些設備的零售商、工具的評論網站或電腦程式設計商都不希望你知道的事情：外面大部分兜售給 Podcast 新鮮人的東西，對於製作一個好的節目都是不必要的。在我看來，你其實只需要幾個工具（加上你的電腦）就可以做出很棒的 Podcast 節目：

▍1. 一組還不錯的麥克風

如果你有主持搭擋就兩組，如果你需要訪問來賓就三組。是的，是「還不錯」的麥克風，你不需要用頂級的，也不需要買昂貴的，只要還不錯的麥克風就夠了。這是因為，麥克風的音質達到某個程度後，就算是再厲害的麥克風，不同麥克風之間的差異也很小。所以，不要把你的錢都花在麥克風上，買一個還不錯，而且你不會害怕使用的麥克風就好。對於初學者而言，這通常是帶有防噴罩的 USB 麥克風，你可以直接插到電腦上使用（防噴罩是一個小屏障，可以減少錄到噴氣音）。

▍2. 耳機

你會想知道自己在對著麥克風講話時，聲音聽起來是什麼樣子，只有透過耳機你才能做到這點。如果沒有耳機，你不會發現自己離麥克風太遠、手撞到麥克風，或是動到桌子了。在剪輯的時候，你也會需要耳機，讓你仔細聽到所有需要處理的聲音，這也包括只有透過耳機你才可能聽到的呼吸聲。

3. 錄音和剪輯軟體

「Adobe Audition」、「GarageBand」和「Audacity」都是新的Podcast創作者的熱門選擇。我自己喜歡用「Hindenburg」編輯，我也曾經用過「DAVID」。我在Podcast產業的朋友喜歡用「Pro Tools」。軟體的選擇沒有正確或錯誤的答案，但請你一開始不要用太艱深或是太昂貴的軟體。

4. 便攜式錄音機

這項是非必要的。攜帶式的XLR錄音機讓你任何時候都可以錄下多組高品質的音檔。也就是，你可以將你所擁有的2個或3個麥克風插入XLR錄音機，每一個麥克風錄到的檔案都會是一個獨立的聲音檔。便攜式錄音機的設備需求是XLR麥克風（和前述的USB麥克風不同）與記憶卡（錄音機會將所有的音檔存在一張記憶卡上，而這些檔案可以簡單地轉存到你的電腦），你還需要很多的3號電池。熱門的錄音機品牌包括「Zoom」、「Marantz」和「Panasonic」。我很愛用便攜XLR錄音機，但是我要提醒你，它們的價格落差很大，範圍從100美元往上跳，如果你買全新的，可能會花到500美元。

▎5. 一間安靜的房間

　　除此之外，你還需要一件我認為重要性最大的東西：就是安靜的收音空間。那是因為，即使是最好的麥克風、錄音設備和剪輯軟體，都無法掩飾吵鬧且回聲很大的錄音空間。當然，你已知道那些造成房間很吵的原因：街道的噪音、鄰居發出的聲音、飛過上空的飛機、交通聲、野生動物、洗碗機、家中其他人所發出的聲音等等。

　　而比較少人知道，困擾許多 Podcast 創作者的錫罐（tin can）回聲的成因。許多 Podcast 創作者誤以為這是麥克風的品質不好，其他人則歸咎於不好的錄音設備。但是事實上，這種回聲幾乎都是由他們自己的聲音從堅硬的表面反彈而造成的。這些堅硬的表面包括牆壁、天花板、窗戶、書桌、桌子和他們自己的電腦螢幕。

　　當意識到這點時，一些 Podcast 創作者試著買幾百平方英尺的昂貴隔音板（那些你在樂器行的牆壁上會看到一塊塊有裝填墊料的東西）。或是，他們可能會將整個製作的過程挪到錄音室去進行。

　　就我個人而言，我喜歡在錄音室錄音。錄音的成果很棒，錄音室的牆壁上已經全部裝好隔音板。而且，在錄音室時，

那裡的工作人員總是可以提供你協助。但是許多剛起步的創作者負擔不起錄音室。某些錄音室的收費大約是每小時 200 美元起跳。

而且，在我看來，我們大多數人家裡都已經有一個達到錄音室品質的空間：一個衣櫃。衣櫃裡面掛的那些衣服就是你所需的隔音板。衣櫃通常沒有對外窗，也不會面對街道，所以可以阻擋背景的噪音。衣櫃額外的好處，是在衣櫃裡沒有會讓你分心的事物！

等等，如果你有搭擋呢？或是一位節目來賓？衣櫃真的夠用嗎？或者，如果你的衣櫃非常小，該怎麼辦？

在這種情況下，我建議你找一間帶有柔軟表面的小房間，例如，不要在廚房裡錄音，而是在一間有窗簾、很多毛毯和地毯的小房間（記得在門上跟衣櫃上掛上一些被子）。如果你有一個鋪滿地毯的小書房，就試著在那裡錄音吧。家具、書和地毯將有助於吸收聲音（以及，記得嘗試掛上被子的技巧）。

如果你的擺設不像專業的錄音室那樣漂亮或精緻，你也不用擔心，我曾經在臥室、書房、衣櫃裡接受訪問。我最終真正在意的，是我的聲音聽起來是好的，而這也是你該在意的事情。

22

和訪談來賓連線

在前面的第 16 章，你可能已經注意到，我們邀約來賓的信件中包括像是「訪談地點是 XYZ 錄音室」或是「訪談可以透過 Skype 進行」。

在我理想的世界裡，所有的訪談都應該是面對面的訪談，在歐普拉的多媒體製作公司 Harpo Productions 原址的工作室進行，但是不幸的是，我不認識歐普拉，Harpo Productions 在芝加哥的工作室也早就不存在了。因此，我將介紹所有其他可以製作節目與訪談節目來賓的方法，包括每種方法的優點和缺點：

▌1. 請來賓到你的家庭工作室

優點：你在家已經處理好設備。當你和你的來賓都在你家時，你就不用應付連線方式可能出現的錯誤。

缺點：如果你的來賓住得離你很遠，這個方法就行不通了。就算你的來賓住在你家附近，他們可能不想去一個感覺不太正式的工作環境。我在上一章說過，有許多節目來賓（包括我自己）都不在意這件事，但是一些知名度比較高的人可能會希望是以其他方式進行訪談。

2. 租一間可以一起去的錄音室

當你租一間錄音室時，你會有一個安靜的房間、厲害的麥克風和耳機，你可以直接拿到錄音檔案，而且錄音室通常會有一位工程師監督整場錄音。

優點：你的來賓會有一次專業的體驗，你在訪談的過程中不需要擔心技術問題，而且你可以獲得高品質的錄音檔。

缺點：花在錄音室的費用可能會暴增很快，而且，當你們雙方的距離在合理的範圍內，這個方法才可行。

3. 帶著便攜式錄音機、麥克風和耳機去找對方

記得我在上一章提到的 XLR 便攜式錄音機嗎？它就等同於你可以隨身攜帶的錄音室，你可以帶著它到任何地方。

優點：你的受訪來賓不用旅行，而且你也可以錄到聲音

品質很好的錄音檔。

　　缺點：你無法控制所有的背景噪音。如果你去來賓的家中或是辦公室，你可能必須面對電話鈴聲、人員隨性走動與交談的聲音，以及真實生活中的其他噪音。如果你的訪談來賓住得太遠，這個方法也不可行。

▍4. 和對方一起進行同步錄音

　　我討厭「同步錄音」（tape-sync）這個詞，這個詞聽起來超級科技且很嚇人。其實，「同步錄音」就是你和來賓在電話上交談的同時，彼此都進行錄音。你懂了嗎？這通電話的對話本身並未被錄下來，但是參與對話的人雙方都把自己說的話錄下來。有些時候，主持人會寄給來賓一個 USB 麥克風，讓來賓可以將這個 USB 麥克風插入他們的電腦進行訪談，然後訪談結束後，再將 USB 麥克風寄回去。訪談開始時，來賓只要點擊「QuickTime」、「GarageBand」、「Sound Recorder」或其他軟體裡面的「**錄音**」按鈕。訪談結束後，只要停止錄音、儲存檔案，然後將檔案透過電子郵件寄給你，你就可以剪輯並將他們的檔案和你這端的錄音檔合成。

　　優點：只要你的來賓的家裡很安靜，錄音檔案的聲音品

質就會很棒。而且，大家都不需要旅行。

缺點：很多來賓對技術的理解程度不高，或是不夠有自信而無法使用這個方法。

▎5. 在製作人的協助下進行同步錄音

由於大多數的來賓都不熟悉該如何錄下自己的聲音，他們也不是 Podcast 產業的人，因此，標準的「同步錄音」方法是聘請一位住在來賓附近的製作人，請這位製作人帶著便攜式錄音機、耳機和麥克風去幫來賓錄音。主持人會打電話給這位來賓，製作人會將他們的麥克風拿靠近來賓的嘴巴。主持人也會在他的這端對著麥克風說話，錄下對話中主持人的部份。這和上一個方法大致相同，但是受訪者不用擔心設備或軟體問題。

優點：只要受訪來賓的家裡很安靜，錄音檔案的聲音品質就會很棒。受訪來賓住在哪裡都不是問題，因為那附近很可能有可以幫忙的製作人。

缺點：聘請製作人會有額外的花費，通常是每小時 150 美元。

6. 受訪來賓在錄音室，你在自己家裡，進行同步錄音

這是混合第二個方法和第五個方法。你可以租一個錄音室讓你的受訪者去錄音。錄音室的工程師會幫你的來賓設定好麥克風，並錄下受訪者那端所說的話。你可以透過電話與他們連線，同時將自己的聲音透過麥克風錄下來。

優點：錄音檔會有很棒的聲音品質。

缺點：同樣地，這些錄音室都需要花費。

7.Skype

透過 Skype 打電話給你的受訪來賓，並且在對話的過程中，錄下他們和你自己的聲音。Skype 的聲音品質並不出色，但是聽起來通常還是比電話好。

優點：Skype 對大多數人來說都很容易使用。

缺點：來賓的聲音品質時好時壞。

8. 電話

在我和受訪來賓連線時，這絕對是我最不得已的選擇。電話訪談的聲音在 Podcast 上聽起來很恐怖，而有很多聽眾只要一聽到聲音品質可怕的電話訪談，就會按下「停止播放」

的按鈕。因此，除非真的沒有其他可行的方式，請你不要使用電話來訪談。如果你真的要用電話來訪談，那請你使用接電話線的市內電話，不要使用行動電話，並且將通話時間限制為簡短的採訪。我認為，只有一種狀況適合用手機訪談，就是當你在做現場新聞的報導，而你沒有其他法可以和你的受訪來賓連線。例如，當我過去在製作 2010 年海地地震的報導時，行動電話是我們唯一的選項，但是（幸運的是）這是很罕見的狀況。

優點：每個人都有行動電話。

缺點：電話訪談的聲音品質非常糟。

除了上述這些方法以外，還有可以模擬錄音室連線的網站和軟體，例如「ipDTL」和「Report-IT」。請自己研究一下，每種方式都有其優點和缺點，還有各自的軟體更新版本與改版，而我自己也沒辦法分析所有這些不同的網站和軟體。這聽起來像是很花心力的工作，但是，你一定可以做得到！

23

專業的剪輯師這樣做

　　你準備好扮演上帝的角色了嗎？你最好是，因為，該是時候讓聲音的王國臣服於你的創意了。或是，比較不戲劇化的說法，這是你坐在電腦前，有著原始的音軌檔案相伴，然後，輪到你將它們剪開並重組的時候了。

　　這個時候，你應該已經挑好要使用的剪輯軟體，甚至你可能是透過你的剪輯軟體來錄你的 Podcast。在錄音的時候，我希望你有將自己、搭檔主持人與來賓都錄在不同的音軌上。這可以讓剪輯更順利，成品的效果也會更好。但是，如果這些錄音不是在分開的音軌上，這也不是世界末日，只要你做的是簡單的談話節目，而不是需要移動很多錄音內容的複雜製作，就不會有太大的問題。

　　現在，容我提醒你，我在本書的開頭即說過，我不會指導你如何一步步使用所有這些市面上的剪輯軟體。老實說，

要學會如何使用軟體，找真人學習效果還是最好。我要向喬伊‧邁耶（Joel Meyer）、吉姆‧柯爾根（Jim Colgan）和傑‧科威特（Jay Cowit）致意，他們是最一開始在紐約公共電台（WNYC）教我使用剪輯軟體的人。除了找真人學習以外，我建議的第二個方法，是透過教學影音來學習。我不會推薦透過書學習，不論是我的書或其他人的書，我都不推薦（我也不打算寫一本軟體教學書）。

但是，我確實有一些建議，我認為 Podcast 創作者在剪輯他們的節目時，都應該參考這些建議。這些建議如下：

1. 將所有原始音檔都轉成文字檔，可以幫助你剪輯

如果你做的是紀錄片形式的 Podcast，這對你更有幫助。文字紀錄可以讓你更輕鬆在你的錄音檔中找到那些神奇的時刻，並且幫助你在剪輯的前期階段描繪出節目內容的雛形。你也可以使用像是「Trint」這類的數位轉檔服務，或是聘人做聽檔案打字的工作。

2. 先聚焦在故事上，之後再來處理零碎的細節

很多 Podcast 的新鮮人一開始會想要先處理錄音檔，並

且立即找所有的咳嗽聲、「嗯」、「喔」或任何嘴巴造成的奇怪聲音。但是，我會建議你，你剛開始做 Podcast 節目時，先將那些討人厭的聲音擱置一邊，然後先思考一下節目的整體性。聽完你的錄音檔案後，問自己：在你所有錄的音檔中，哪些音檔能夠闡述你想講的故事，那些則否？哪些論點透過音檔表達最強烈且清楚，哪些論點令人困惑且前後不一致？是否有可能重新整理音檔的順序，讓故事可以有更好的呈現？先問自己這些問題，然後再依據你的答案剪輯錄音檔。

3. 注意你的感覺與直覺

如果錄音檔案中有哪個部分很觸動你，請保留這個部分。如果有哪個部分讓你發笑、哭泣，或是讓你更了解受訪來賓的困境，請好好珍惜這些段落。同樣地，請注意有哪些地方讓你無法集中注意力，或是讓你開始想睡覺。你是投入這個 Podcast 最多的人，如果有什麼部分讓你覺得拖拖拉拉的，聽眾一定也會和你一樣覺得很累贅。

4. 不要扭曲來賓的話

或把他們的話斷章取義，不要讓他們說的話和原本的上

下文不符。不要將他們的故事變成不同的故事，或是改變他們的觀點。請盡量讓他們的話聽起來就像是最真實的他們會說的話。

▌5. 拿掉漫無邊際的閒聊

有時候，當你在和主持搭擋暖身，或是和來賓建立關係時，你們會聊太久，而這些內容和節目或聽眾完全無關。就算你已經有最完善的計畫，你還是有可能偶爾離題。不管這些閒聊在錄音的時候有多好笑，請你將這些閒聊都留在剪輯室裡面。修剪掉脂肪是很重要的，我跟你保證，當你去掉脂肪後，吃入口的肉味道會更美味。

▌6. 剪掉所有惱人的聲音

這包括咳嗽、打噴嚏、嘴巴黏稠、來賓碰到麥克風、筆敲到桌子的聲音，以及計劃之外的背景噪音。

▌7. 剪掉大部分的「嗯」、「喔」等贅詞

有時候，你或某個來賓說太多「嗯」、「喔」、「然後」……讓你想要將所有的音檔都丟到垃圾桶。請你先不要

刪掉這些檔案！請你盡力剪輯大部分的這些瑣碎聲音，但是不要剪掉全部，請保留那些和下一個詞連著的聲音。如果連接詞跟下一個詞連得很近，剪掉它會相當不自然。當你試著把聽起來不順的隻字片語或是句子放在一起時，請使用幾個「嗯」或「喔」。在要連結的句子間放入「嗯」或「喔」可以讓前後的連結更自然。

8. 不要做突兀的剪輯

不要剪得不符合人說話時的自然節奏和語氣。不要在一句話的中間切斷，然後試圖愚弄聽眾，讓他們以為那是一句話的結尾。除非你想讓聽眾按下「停止」鍵，否則不要嘗試將兩個不同節奏的錄音檔混在一起。請注意人說話時什麼時候聲音會上升、下降，什麼時候會興奮感增加或是變得柔和，然後，請確保你試著修剪、拆開或重組回去的內容，符合他們說話的方式。

9. 請注意呼吸

不要把一個呼吸剪成兩段，也不要把兩段對話放在一起，讓你的聽眾好像聽到你或來賓連續做兩次不自然的呼

吸，或是讓呼吸聲重疊。

10. 維持你的音量穩定

我希望在你錄製所有音檔的時候，正確地設置好麥克風，並且正確地對著麥克風說話。但是即使如此，你還是可能錄到一些爆音聲、大笑聲以及一些低語聲。請修正這些，並且，當然，如果你手上的檔案是分開錄音的話，在設置你、你的主持搭擋與訪談來賓的不同音軌的檔案時，請記得將這些音檔都調整成同樣的音量。如果你的錄音檔是錄在同一個音軌上，你可以在後期的製作階段，手動調整這個音軌上不同段的聲音，讓它們的音量是穩定的。

11. 確認音樂的使用方式是正確的

不要讓音樂太大聲，在對話前、在對話中間，或是在對話之後的音樂不要放太長。如果你的節目一開始會放音樂，那麼在我們聽到你的聲音之前，只要放 3 到 5 秒的樂曲來營造氛圍就夠了。聽眾喜歡音樂，但是他們很容易就會感到無聊了，而且，他們是要聽你說話，不是要聽音樂。另外，如果你的節目有主題曲，主題曲的長度應該要是 30 秒左右，

或是少於 30 秒。

▌12. 存檔、存檔、存擋

請記得每幾分鐘就儲存你在編輯的檔案。剪輯是一項繁重的工作，而剪輯時最心痛的事情莫過於經過 4 個小時的剪輯和調整後，整個工作階段的檔案損毀，而你沒有儲存到任何的檔案。

最後，這是我應該不用多說的兩點：

除了上述的所有重點以外，你還應該利用剪輯的經驗來讓自己成為一個更好的主持人、來賓邀約者以及工程師。在你剪輯的時候，你會碰到讓自己尷尬的時候。你會聽到，因為自己沒有將受訪來賓設置在距離麥克風正確的距離，而導致錄音的音質很差。你會發現，在預訪時讓你猶豫不決的受訪者，在實際受訪時，確實是整個地球上最無聊的人。你會想知道，自己為什麼沒有更清楚地提問，或是沒有更熱情地唸腳本。就像前面提到的，你會聽到每一個「嗯」、「喔」與「然後」。不要忽略這些地方，或是只是剪掉後就忘了它們。請把這些事情都寫下來，用它們來幫助自己在下次邀請

來賓、為來賓準備設備、進行訪談、寫作或是念出紙上的文字時，都可以做得更好。最後，當你回顧你早期的 Podcast 節目時，你會為你學到的知識與成就而感到高興。

最後，當然地，請你玩得開心。剪輯是一個發揮創造力的過程，在這個過程中，你將可以運用聲音世界的所有影響力。它使你可以創造出不同的世界，並以其他藝術或手工藝無法做到的方式，來述說故事。請你享受這種力量，並利用它來創造一些真正美麗的創作。

我最糟糕的回憶：沒有正確存檔

在我大學生涯的最後一週，我的母親和祖母看到我經歷了我人生中最可怕的一次崩潰。那時我剛用我的二手筆電寫完大四論文（這是我的第一台電腦，用我當女服務生的薪水，在幾個月前從某人的車庫大拍賣買到的）。

當我為大學生涯的最後一份學術成果點了「儲存」鍵後，整個螢幕都是一片黑。我很確定我說了「他媽的」或是其他更粗俗的髒話。我試著重新開機，但是，當然，我的電腦無法重開機。然後我試了一次又一次，最後我的恐慌變成沈默的憤怒。我對我媽跟我奶奶說，「我要去外面，而且我要自己抽完整包菸！」她們兩個都很討厭別人抽菸，但是她們都沒有阻止我。半小時後，我的朋友戴夫來了。我不確定是我媽和我奶奶叫他來安撫我，還是我們本來就有計畫要碰面。不管怎樣，他來了，之後那個夜晚就變得好一點了。戴夫設法救回了我電腦裡面一半的論文。但是我仍然需要重寫另外一半。我整晚沒睡都在寫，然後及時把論文交出去。

而為什麼我要在一本和 Podcast 有關的書中，仔細告訴你我大四論文的悲劇呢？朋友們，這是因為，雖然我大四時的經驗如此糟糕，但是未能正確儲存

Podcast 剪輯的工作階段，比那時的經驗更糟。後者感覺更差。

　　這是因為，受到我大四的慘劇影響的只有我自己，但是我在 Podcast 上面所發生的慘劇會影響成千上萬的人，有時候甚至是幾十萬人。這會影響死忠的聽眾，他們可能會延遲聽到節目，甚至更糟的，他們可能聽到他們最喜愛的節目未處理好的內容版本，只因為我不小心輸出了快做好的檔案，而不是最終版的檔案。這也影響了我那些努力工作的同事，他們的名字也列在我的節目資訊欄位上。尷尬且可怕的是，那些信任我的主持人，相信我會讓他們的節目有最好的剪輯成果，但是卻被連累。

　　我要說的是，記得存檔。早點開始存檔，並且時時存檔。然後，再檢查一下你所存的檔案，然後再額外做最後一次存檔。做好存檔，你遲早會感謝自己的。

24

如何使用音樂、電影片段

　　親愛的讀者們，我希望你沒有打算做一個音樂的節目。如果你是的話，你很可能在大概 3 秒內會將這本書丟到垃圾桶、點一把火，然後用難聽的話咒罵我。這是因為，我正要告訴你，請不要做音樂節目。

　　你沒有看錯：不要做音樂節目，不要計劃做音樂節目，不要再為這個想法投入更多的心血。這是因為，你喜歡的所有歌曲，包括每一首歌詞你耳熟能詳的歌，還有作品曾經登上美國音樂雜誌《告示牌》40 強單曲榜與百大單曲榜的明星、獨立創作歌手與 R&B 排行榜上的有名歌手的作品，你幾乎全部都無法使用。

　　如果你是那些有抱負的音樂節目主持人，我知道你會說什麼：「可是，可是，可是像是 Song Exploder（歌曲爆炸）、Broken Record（重複播放）、Hit Parade（熱門排行榜），還

有其他探討音樂史以及音樂產業的節目呢？他們在每集的節目都會播幾十段歌曲，也沒有什麼問題啊！」

你說的沒錯，確實有一些很成功的節目，它們在節目中闡述了厲害的音樂故事，而且不會被罰。它們確實在這樣做，而且這些節目超棒。但是，我要告訴你這背後的秘密：這些節目大多數都是隸屬於一個龐大的組織之下（通常是新聞媒體），這些組織有法務部門會審核所有智慧財產權的法律條文，和唱片公司詳盡討論後，與藝術家達成合作協議。這些節目是例外，不是常規。

我假設你不屬於一個擁有法律部門的大型組織。我敢打賭，如果你被指控盜竊音樂或其他任何相關的問題，這巨額的罰金你將支付不起。而且我猜，如果你因為違反智慧財產權而被迫將節目下架，你將會傷透了心。我不希望你心碎，我也不想你的錢包被掏空，所以，我請你不要做音樂節目。

但是，假如你就像絕大多數 Podcast 創作者一樣，其實對製作音樂節目並沒有興趣，而這整段關於音樂節目的對話讓你翻著白眼想著：「我只想在每一集的節目中使用幾首我喜歡的音樂來塑造氛圍！我只是想用我喜歡的音樂創作者的流行歌，來作為節目的主題曲，這不會是一個音樂節目！」

朋友，對不起，你不能這樣做。你並沒有這些音樂的所有權。而且，你甚至沒有說到介紹音樂或向創作者致意。你只是將音樂當作裝飾的背景。請不要這樣做。你有渺小的機會或許可以逃過這個問題，但是你也很有可能會被抓到。而且，你真的想當小偷嗎？你一定不想吧。

好吧，既然我已經變成一個徹頭徹尾掃興的人，我就提供給你一些有用的建議：並非所有的音樂都是禁止使用的。事實上，有成千上萬首合法、高品質的歌曲都是你可以使用的，而且這些歌曲有許多都免版稅。有些 Podcast 創作者會將這種音樂稱為「Podsafe」（允許在 Podcast 使用）。

Podcast 可以合法使用的音樂，其授權的條件必須允許這首音樂可以在 Podcast 中使用。在某些情況下，你必須做一些搜尋工作，才能找到某首歌的授權條件。大多數創用 CC 授權（Creative Commons license，一種公共著作權的授權條款）的音樂也是「Podsafe」。但是我要提醒你，大部分這些音樂都不是你或你的聽眾所熟知的音樂。所以，如果你想找你最喜歡的披頭四音樂，或是大衛・鮑伊的音樂，或是芭芭拉・史翠珊的音樂，你是找不到的。

你還可以參考音樂資料庫，包括像是「Epidemic」、

「Audio-Jungle」、「Marmoset」、「Warner/Chappell」等等的眾多音樂庫。每一個音樂庫都有著成千上萬首歌曲，它們的內容差異很大，有些聽起來就像是為了音效而製作的罐頭音樂，有些聽起來卻像是你最喜歡的那些《告示牌》前40強流行歌曲。有些音樂庫可以依照使用的歌曲數量，以每首計算付費，有些音樂庫則要求具備付費會員資格，有些音樂庫則是免費的。但請注意，就算是使用這些音樂庫，還是要看清楚條款細則，並且和音樂庫的窗口通過電話，確認過使用條款。

如果你想要有原創的節目主題曲，或是在節目的製作中加入原創的編曲，你可以聘請作曲家。原則上，作曲家的服務需要付費，但是偶爾，作曲家或表演者會願意免費幫忙，只要你在每一集的節目中提到對方，以及在節目的資訊欄位放置可以連到對方網站的網址連結。

不論你們合作的條件是什麼，不論你跟誰合作，請記得都將這些合作細節以書面形式留下紀錄。這樣一來，如果你和男朋友兼作曲者分手（我曾經目睹一個頗負盛名的節目碰到這個狀況），或是你變得太有名了，以至於你合作的作曲家希望你的下一個節目計畫可以支付更高的費用（這樣才會

是公平的），你手上就會有雙方同意的合作條件，這些書面紀錄也可以作為未來可以參考的前例。

　　好的，我們說夠多音樂了。讓我們談談這個我認為你會更喜歡的主題：電影。電影片段和電影預告片的偉大之處，在於電影片商的公關團隊讓這些片段在全世界曝光，目的就是為了這些素材可以被新聞媒體使用。這就是為什麼，在名人上所有的娛樂節目宣傳他們最新的賣座商業片時，你會重複一直看到同一個電影片段。這也是為什麼，你在每個電影YouTube頻道和Podcast上都可以看到（或聽到）相同的預告片。如果你想做電影評論或是深度分析，你可以自由使用這些電影片段和預告片。或者，更專業的做法，是聯繫電影的公關窗口，並索取電子檔的媒體資料，其中會包括電影的片段、預告片、訪談以及其他資料。如果你要做電視節目的評論或是分析，也是同理。

　　話雖如此，你還記得，不要用你喜愛的音樂當作背景的原則嗎？同樣的原則也適用於電影和電視節目片段：它們不是用來幫你說的某些話加分，或是營造喜劇的效果。

　　因此，你不能突然放布偶柯米蛙（Kermit）和他的伴侶

豬小姐（Piggy Miss）的場景，來舉例說明你有多愛你的女友，或是電影《BJ 單身日記》女主角布莉琪·瓊斯（Bridget Jones）穿著內衣哭泣和歌唱的畫面，來表達你有多寂寞。電影的片段不是讓你用來闡述你的感覺或作為厲害的音效。電影的片段是讓你作為談論、嘲笑、仔細分析，或是讚揚的素材，因此，請明智地使用這些素材。

最後，一些和詩歌、書籍以及其他文字素材有關的事情：和音樂一樣，很多的文學著作都是屬於公眾領域的授權，這代表著你可以在你的節目中大聲朗誦這些著作。

許多創用 CC 授權許可下的文字創作也是「Podsafe」。只要是版權擁有者允許你使用的素材，都是絕對沒問題的。在某些特殊的情況下（例如文學評論），朗讀文本中的一、兩行文字也可以算是合理使用。請記得，在上述這些情況，你都需要註明書名與作者作為資料來源，如果你有疑問，請諮詢律師。

25

決定節目最適合的時間長度

關於節目的時間長度，喬蘭塔和我屢次被問到，為什麼《By the Book》的節目長度不更長一點呢。有些聽眾說，他們非常享受我們的陪伴，他們希望我們的節目長度可以超過40分鐘。但是，他們說的是真的嗎？

有些研究顯示，大多數聽眾偏好長度介於20到40分鐘之間的 Podcast 節目。這是因為，一般的聽眾在收聽 Podcast 的同時，也會花20至40分鐘的時間做主要的活動：運動、上下班通勤、早上準備出門、整理房子，或是煮晚餐。我有一個理論，這個時間長度會受歡迎，還有一個原因是，這符合觀眾從小到大觀看電視節目被訓練出來的習慣（半小時的電視喜劇扣掉廣告約是20分鐘，一小時的電視劇扣掉廣告是40分鐘）。

你可能在想，可是《My Favorite Murder》（我最喜歡的

謀殺案）的節目時間，有時候會長到將近一個半小時，還有其他一些節目也是如此。你說得對，但是這些成功的 Podcast 節目往往是例外，而不是常規。而且時間較長的節目，通常還是有需要精簡的地方，它們的節奏拖拖拉拉且缺乏動力。這種拖拖拉拉的節奏可能讓新的聽眾難以投入（或是舊的聽眾難以維持興趣）。

或者，你可能在想，可是《Side Hustle School》（副業學校）不到 6 分鐘！而《A Little Happier》（更快樂一些）只有 2 分鐘！**時間短的節目很棒**！的確，短的節目可以有一種有趣、活潑的氛圍。我所喜歡的節目，有很多都是短的節目。但我要提醒你：較短的節目往往很難吸引廣告商（因為，說實話，聽眾在一集節目中，聽到和節目長度相同的廣告，是滿奇怪的）。當然，如果你不打算在節目中放廣告，那就沒問題！

話雖如此，我碰過幾十個節目都是時間太長、太漫無目的、有著太多不該有的離題且太像是一場無止盡的演講，而不是精彩的有聲創作。而我認為時間太短的節目，是零。我的建議是：從製作大約 20 分鐘長度的節目開始。你隨時都可以讓節目時間變更長，但是製作短時間的節目最適合新

手，為什麼呢？

1. 當你試著處理所有的事情時，短的節目比較容易掌控。我們假設你就像大部分的 Podcast 創作者一樣，從寫內容、主持到來賓邀約與剪輯都是親力親為。你真的想要寫長達 55 頁的腳本嗎？你真的想要錄音 2 個小時並且剪輯這麼長的聲音檔嗎？不，你當然不想。你只有一個人，你自己一個人沒辦法每一週、每一天都負擔這麼多工作，這會讓你耗盡心力。

2. 這將可以訓練你善用每一分鐘。當你給自己時間的限制，你就比較不可能在錄音的時候說廢話，或是在主題上繞圈子。你所製作的節目將可以更緊湊、更乾淨利落且節奏感更強。我在幾年前聽到了對短篇小說最好的評語：「它很優美，因為故事中的每一個字都是必要的。」讓你的 Podcast 也具備這樣的優點，讓節目中的每一個字都有其必要性。

其他市場上的 **Podcast** 時間長度都是多長呢？

以 2018 年之中的一千萬集節目作為樣本，Pacific Content 發現 Podcast 節目長度的中位數是 38 分 42 秒。

如果去掉這四種類別的節目，平均的節目長度會更短：電動遊戲、其他類遊戲、遊戲與休閒（是的，我發現這是描述「遊戲類節目」的不同方式）與音樂節目。Pacific Content 的研究發現，這四類節目平均的每集時間長度介於 60 至 75 分鐘之間。

那些最短的節目，是落在語言課程、教育、培訓和兒童內容的類別，這四類節目的每集節目時間都少於 20 分鐘。

26

聽眾喜歡的事情

　　每一次，當我向想投入 Podcast 產業的創作者解釋完節目製作的基礎後，我有時候會聽到這樣的回應：「嘿！你的建議中似乎有很多不確定的空間。你一直在告訴我，我應該做我自己、專注於我熱衷的話題，並善用自己的聲音。但是，有沒有哪些事情，是所有聽眾都喜歡，而每個 Podcast 創作者都應該做的呢？」

　　當然，任何聽眾都是獨一無二的。有些聽眾每天而且整天只想聽 BBC，有一些聽眾只聽電視真人實境節目播出後的回顧型節目。但是，我要告訴你一個秘密，無論你的節目是記錄一位怪獸卡車車手的比賽歷程，或是揭露全職父親管理生活的步驟，實際上，有些事情，是幾乎所有聽眾都喜歡的。以下就是其中幾項：

扎實的重點

聽眾喜歡聽到結論並從內容學習到東西,給他們知識!

主持人展現自己真實的樣貌

許多主持人會講述事實,但是最好的主持人會展現自己不同的面向,包括他們的個人故事、迷戀的事情、他們的缺點與尷尬的事情。當主持人這樣做,聽眾就會覺得和主持人更有連結。聽眾不希望他們的主持人是一個完美的人,他們希望他是一個人性化的人。

可預測性與驚喜兼顧

這是前面提到的「結構」派上用場的地方。聽眾喜歡先知道每一集的內容是什麼,但他們也喜歡節目內容偶爾偏離該有的結構。主持人的個人特質也是同理。聽眾想要一個既能維持一致性,但又會時不時表現出令人驚訝的觀點或另一面人格特質的主持人。

當然,你很有可能對於我所整理的這些聽眾喜歡的事情不以為然。我在課堂上與論壇上提到這幾點時,台下聽眾的回應常常是睜大了圓滾滾的眼睛。

舉例來說，和我聊過的喜劇演員問我：「為什麼我需要有扎實的重點？我難道不是來娛樂大家的嗎？我又不是全國公共廣播電台！」相信我，我並不是要你變成全國公共廣播電台，但是，如果你可以幫助聽眾學到一些東西，或是讓他們以不同的角度看世界，他們會覺得和你以及你的節目更有連結。例如，參考一下《The Daily Show》（每日秀），它既是諷刺新聞的電視節目，也是 Podcast 節目。每一集的《The Daily Show》節目都以好笑的方式闡述時事，但是節目的意義遠不止於此：主持人崔佛・諾亞（Trevor Noah）和製作人透過節目提供給聽眾，他們對事情是非對錯的清楚見解。

　　而關於**顯露人性化的一面**，我聽過教授（與公司執行長和工程師）說：「我是一位受人尊敬的教授、執行長、工程師，我只是想和大眾分享關於 13 世紀鄉村鞋業商人的每季營收、結構支撐的知識，我為什麼需要展現脆弱的一面呢？」

　　讓我告訴你原因：即使是學者，也是有血有肉的人。我用偉大的麥爾坎・葛拉威爾來舉例說明。他是《Revisionist History》（修正主義者的歷史）的主持人，從表面上看，他的每一集節目似乎只是從稍微不同的角度去談歷史。但是更仔細探究，你會發現不僅限於此：這個節目是透過麥爾

坎‧葛拉威爾的雙眼去看世界——他是兩個學者的兒子、是半個牙買加人、是運動狂熱者和音樂愛好者，以及，他也自己承認，自己是個控制狂（關於最後這點，如果想了解更多可以去聽他的這集節目「Are You Lonesome Tonight?」）。《Revisionist History》是關於某個人自己所著迷的事情，以及他的個人特質。

而關於**可預測性與驚喜**兼顧，你只要和幼兒玩用雙手遮住自己臉的躲貓貓遊戲，你就會懂了。孩子知道你會消失然後再出現，這就是一致性。但是驚喜在於你出現的方式與時間。你會從手的上方出現嗎？還是從兩手中間出現？我們大多數人和幼兒並沒有什麼不同。關於更多可預期性和驚喜的討論，可以回頭看第 6 章關於「型式」（44 頁）與第 7 章關於「架構」（52 頁）的討論。

當然，還有很多其他事情是聽眾喜歡的（這本書都是這些資訊！）但是你至少該做的，是把注意力放到這幾件事情上。

27

聽眾討厭的事情

朋友們，我是一個散播愛的人，不是散播仇恨的人。而且我真的不想把焦點放在生活中或 Podcast 產業中那些可怕的事情上。但是，我也相信，照亮生活中這些可怕的事情，可以幫助我們停止犯這些錯誤，不論這些錯誤是厭女症或是為你的 Podcast 做了糟糕的決定。是的，有一些 Podcast 上的錯誤，是聽眾普遍都討厭的。包括以下：

• 差劣的聲音品質。差劣的聲音品質包括極大的音量變化、背景噪音與回聲，這些都在告訴聽眾，你的節目是由不在乎品質的業餘人士在車庫裡面製作。

• 過度製作的聲音。這包括音樂、「逼真的」音效（小鳥的啾啾聲、汽車引擎加速的聲音與湯鍋沸騰的聲音）到聲音殘響（聲源已經停止發出聲音但聲音仍然持續存在的現象）的效果，太多的好東西加在一起，就不會是件好事情。

- 沒有一致性。這包括語調、品質和節目發布的時間表。

- 對聽眾缺乏同理心。具備同理心，代表你在節目中不只是對著自己說話，或是為了自己而說話，你同時也是在對著聽眾說話。

當然，聽眾也討厭其他的資訊：太多艱澀的參考資訊、死氣沈沈與太多自我推銷，這個列表可以一直增加下去。但是我最常看到聽眾討厭的是這四種錯誤，讓我們依序來了解它們。

差劣的聲音品質

這點之令人反感，我說再多都不夠。聽覺是一個人在聽 Podcast 時唯一會用到的感官。你無法依賴漂亮的視覺效果。不會有一位溫暖的老奶奶給你一個熊抱，也不會有香蕉麵包正在烤箱中烘培的味道，來讓你的耳朵分心。你有的就是聽眾跟聲音，所以聲音必須是最好的狀態。

我知道要做到這一點並不容易。有時候，你正在錄音的空間並不像你所期望的那樣安靜。你可能不小心用錯誤的方式對著麥克風說話，或是你所有的來賓都只有開車塞在車陣

中的時候，才有時間用手機參與你的節目。也許你沒有時間調整音量的一致性。但是，請你思考這個畫面。你有多少次聽了一個音質很差的 Podcast，然後立刻撥電話給某個朋友，然後堅持地說：「你一定要聽這個聲音很差的 Podcast 節目」？我猜，答案是「永遠不會」。不要讓你的 Podcast 節目陷入和這個想像中的節目一樣的尷尬處境。你和你的聽眾都值得更好的東西。

過度製作的節目

特殊的聲音效果可能很有趣。如果節目中用原創的音樂來介紹每一個段落，或者偶爾出現「我們現在開始接聽來自聽眾的電話」的音效，誰會不喜歡呢？但是，當音效過度使用時，特殊的音效可能很快就從「有趣」變成「分散注意力」，然後變成「非常惱人」。想一下那些早上開車時會聽到的小眾節目，這些節目試著在歌曲、帶著牛鈴聲的廣告、門鈴聲、笑聲音效、電視節目主題曲的片段和不時打斷笑話的鼓聲之間，吸引你的注意力。這些節目一次只會播出幾分鐘的時間，這就是為什麼它們可以讓人覺得開心。但是，如果你試著在 40 分鐘長的節目模仿它們，你的聽眾普遍可能

覺得他們要瘋了。

這並不是說所有特效都不好的。像《Radiolab》這樣的節目可以從中創造出整個沉浸式體驗的世界。但是，身臨其境的沈浸式有聲體驗和過度製作的聲音垃圾堆之間，有著一條清楚的界線。因此，請你謹慎使用這些音效，不要每20秒就用一次音效，不要每次有人說令人尷尬的話時，就突然放刮唱盤的音效。而且，絕對不要把一半的節目時間都拿放音樂和音效。

▍沒有一致性

這是很多 Podcast 創作者普遍都有的錯誤，對很多聽眾來說，這會讓他們對節目感到破滅。不一致可能和很多方面都有關，包括節目的結構、主持團隊以及節目發布的方式。

關於結構，你可能會覺得我現在是在白費唇舌，但這可不是開玩笑。一個節目需要有一致性的樣貌，而不僅僅是一團亂的說話。想想看，如果聽眾想要聽的是隨性地閒聊，他們就不會打開 Podcast 了。在現實世界中，他們可以在很多地方找到人在隨意閒聊，包括咖啡廳、公車、街頭巷尾，基本上，只要任何有人的地方就有人在閒聊。你需要成為他們

的避風港，而不是成為他們受不了的事物。

　　關於主持團隊的不一致，想像一下你在過去四週都在聽麗莎和朱妮主持的某個節目。在這四週之中，你開始真正享受這兩個女人間的默契，並且感覺自己和她們是有連結的。但是，請你接著想像一下，如果他們開始將朱妮換成沙雅，將麗莎換成克拉麗絲。你還會每一週都固定聽節目嗎？我猜你的答案是「不」。

　　然後，節目的發布也會有不一致的問題。新的 Podcast 創作者會在他們辛苦做完節目後立即發布節目，不管那是在一週的哪一天，或是上一集節目是什麼時候發佈的。對於習慣節目固定每天、每週或是每隔一週更新的聽眾而言，這可能讓他們感到困惑和受挫。最後，他們很可能對收聽你不定期更新的節目失去興趣，轉而把注意力放到其他節目上。有關這個主題的更多討論，請看下一章。

缺乏同理心

　　許多 Podcast 創作者都很愛自己的聲音，為什麼不呢？我之前說過好幾次，你的聲音是一種禮物。但是，如果使用不當，你可能會給潛在的聽眾帶來噩夢。試著以他們的角度

思考，你是在對自己說話，而且內容是和自己有關，還是，你接受這些聽眾的存在，並且感謝他們把雙耳給你？你是否在每一集的節目中，都有留給他們時間跟位置，還是，你假定他們沒有你也可以找到自己的方向？假設你是一般聽眾，你正在做的節目是你自己會聽的節目嗎？思考一下你的聽眾是誰，讓他們知道你關心他們，對他們表達感激，讓他們知道，你傾聽著他們的聲音，就如同他們聽著你的聲音。在節目中回覆聽眾的來信，將聽眾的回饋彙整、放到節目的廣告時段中，就像葛瑞琴・魯賓在她的節目《Happier with Gretchen Rubin》中所做的那樣。將整個節目的焦點放在聽眾與主題的獨特關聯性，就像丹・帕許曼（Dan Pashman）在《The Sporkful》（一大口美食）中所做的那樣。然後，在每一集的節目中都記得感謝他們收聽節目。如果你不這樣做，他們可能會從超過一百萬個 Podcast 節目中，另外找其他節目來聽，因為那些節目的主持人有用實際行動展現他們對聽眾的在乎。

第六部

發布

28

擬定發布節目的時間表

　　親愛的讀者，我們正接近魔術般的時刻，這是你將你美麗、有趣、奇怪又特別的創作推向世界的時刻。但是在此之前，我們還有一些步驟需要討論。讓我們從節目的發布時間表開始吧。

　　對此，有許多不同的意見流派，有些人會告訴你，每週發布的節目越多越好。其他人會說節目發布的時間表不重要，因為聽眾會按照自己的需求來收聽 Podcast 節目，只要他們想聽就會聽。我對此的想法：忽略這個建議。反之，請找到你可以好好執行的模式，然後確保自己的節目發布符合這個模式。

　　聽眾會想要知道節目預計發布的時間，就像他們想知道每週什麼時候可以看自己最喜歡的電視節目，或是他們最喜歡的運動比賽在每一個賽季開始轉播的時間。這代表，不只

要有清楚的日期，還要有時間。

這對聽眾來說，有多重要？請參考這件事：幾年前，網路媒體平台「Slate」晚了一天發布他們頗受歡迎的政論節目《Political Gabfest》（政治對談）的某一集。不是幾天，也不是幾週，只是晚了一天。聽眾很快就開始表達他們的困惑、擔憂，完全的惱怒。這也包括一位深夜電視節目主持人，他說自己要靠著這個Podcast節目來協助他規劃自己電視節目的內容。這位主持人是史蒂芬・科伯（Stephen Colbert），而他所指的電視節目是《The Colbert Report》（科伯報告）。

當然，這是一個極端的例子。並非每個Podcast節目晚了一天發布節目後，都會招來名人抱怨。但是所有具有忠實粉絲的Podcast都需要注意，只要節目偏離了發布的時間表，聽眾就會發現。

我的建議，是找到你可以好好執行的模式：開始製作你的節目，當你完成試播集後（通常試播集會花最多的時間），看看你需要多少時間來製作接下來三集的節目。一集節目會花到你兩天的時間嗎？還是會花你兩週的時間？建立你可以遵守的寫作、主持、編輯時間表。

最後，當你擬定好你的製作時間表，你就可以決定節目

發布的時間表（以及，你需要額外幾集製作完成的節目，做為備用，避免碰到你生病或是生活中有其他問題導致你沒辦法照表操課）。

但請注意，不要野心太大。有些節目每週或甚至每天更新，但就算你的前四集節目的製作時程顯示你有可能做到每天更新，你也沒有必要這樣做。反之，不要久久才發布一集新節目。如果你的節目每個月或每兩個月才更新，那麼老聽眾可能會忘記你，新的聽眾也很難找到你。最重要的是，如果你超過一個月才發布新的節目內容，你的聽眾所使用的軟體可能會停止自動下載你的節目到聽眾的節目清單。

最好的選擇是，如果你做得到的話，就每週或每兩週發布一集新節目。這樣一來，你的節目就可以養成聽眾每週或每兩週收聽一次的習慣，並且，希望在這同時，你也有充足時間把節目製作好。

注意：上述這些建議適用於大多數的 Podcast 節目，但是仍有些節目是例外。例如迷你懸疑劇，像是《Empire on Blood》（血腥帝國），這是在 2018 年發布的真實犯罪 Podcast 節目，內容是關於某個男子被錯誤地指控犯下兩起殺人案。我們這些在節目製作團隊的人認為，由於這個故事

的類別和節奏，聽眾可能比較想要不間斷地聽完節目，而不會想要等待一集集陸續發佈，他們可能連一天都不想等。所以，我們同時發佈了所有的節目內容。這樣做的好處是，當你一次發布一個節目的所有集數，你有可能會讓所有集數的下載數都增加，因為喜歡節目的人會一直點擊「播放」鍵。

這並不代表，所有的迷你系列都應該一次就發布所有的節目內容。Podcast 產業最常見的還是每週更新，不論是持續播出的節目、以季為主的節目，或是迷你的系列，都是以週為單位發布新的節目內容。

關於發布時間的最後一點，請清楚告知聽眾。如果你的節目每週會發布一集新節目，就讓聽眾知道下週你還會回來。如果你的節目是以季為單位，請告訴聽眾下一季節目開始的時間。如果你的節目是迷你的系列，就謝謝聽眾與你一起參與節目。

一致性＋溝通＝你完美的發布時間表。

持續播出、以季為單位與迷你系列節目

以下是這三種常見節目種類的區別。

持續播出的節目：這類節目沒有預期的結局。可能是每週更新、每兩週更新、一週更新好幾次，或是一天更新好幾次。這些類型的節目可以涵蓋任何主題，但通常是新聞節目、脫口秀或訪談節目，例如《Call Your Girlfriend》（撥電話給你的女性密友）與《The Waves》（性別浪潮）。

以季為單位的節目：這類節目就像是電視影集一樣。可能是一年有一季的節目，或甚至在一年間有兩到三季的節目。在每一季的節目之間，可能會發布彩蛋內容、重播，也有可能什麼都沒有。這類節目的例子是《Still Processing》（還在處理）與《Serial》。

迷你系列：這是刻意設計成集數有一定限制的節目。在電視的世界，這被稱為迷你劇。許多真實犯罪紀錄和虛擬故事 Podcast 都是迷你系列，例如《Dirty John》和《36 Questions》。

29

製作有吸引力的視覺設計

現在，我們該來談談節目的視覺設計了！那些好看、流行且吸睛的視覺藝術！

我知道，我知道，你是聲音的藝術家，不是做視覺設計的藝術家。但是請相信我，視覺設計很重要。在發布你的節目時，你的節目會需要搭配節目的視覺設計。節目的視覺設計也會出現在聽眾的訂閱清單上。如果有人寫文章介紹你的節目，節目的視覺設計就會出現在部落格的貼文和其他文章中。如果你的視覺設計效果不好，其他人就不會點擊你節目上的「播放」鍵，更不用說「訂閱」你的節目了。

所以，請你花一些時間在這件事情上。打開任何的Podcast平台，然後看一下其他節目的顯示圖片。什麼樣的顯示圖片對你來說是有吸引力的？什麼樣的顯示圖片看起來很沒有質感？哪些是你幾乎不會注意到，以及，哪些是你想模

仿的？

　　你很可能會發現，吸引你的是那種不會過於複雜的視覺設計，你會發現，吸引你的是那些清楚且不需要多加解釋的圖像，節目的標題清楚且便於閱讀，每一件事情都在呼喚你：「這就是我，你應該聽我的節目！」而且你正在想，對，我**會聽你的節目**。

　　另一方面，我敢打賭，你在滑動節目清單的時候，略過了所有視覺設計有複雜圖案、華麗字體和令人困惑的圖樣的節目。這是因為，太多視覺上的訊息，會讓看的人無法維持注意力，而以大部分人在「Apple Podcasts」或「Stitcher」滑動頁面的時間，任何難以理解的視覺，都會無法即時讓聽眾看懂。但是，除了直接複製那些好的設計（請不要這樣做），你還可以如何避免不好的設計呢？

　　1. 不要以大螢幕作為主要的設計尺寸。當然，你可以製作在任何電腦螢幕尺寸都可以看的圖。但請記住，聽眾看到你的視覺設計的時間，99％都不會是在大螢幕上看到巨幅的圖樣，而是小螢幕上的一個小方塊。這個小方塊會小於 6.5公分，並且與其他幾百個同樣小於 6.5 公分的圖像並列。因此，請充分利用這塊小方塊的大小，然後讓它脫穎而出。

2. 顯示圖片上的文字必須是可閱讀的。有很多 Podcast 節目顯示圖上的文字都難以辨認，字體花俏且細緻，文字的顏色和背景融為一體，或是，在顯示圖上有太多其他元素在和文字競爭。不要讓人看不懂你的節目名稱是叫「Only God Can Judge」（只有上帝可以評斷），還是叫「Only God Can Fudge」（只有上帝可以欺瞞）。如果你的節目是跟欺瞞與宗教有關，請表示清楚！

3. 不要排斥極簡風格。剪影輪廓加上文字就很好看了。一張乾淨利落的你的照片，旁邊放上節目名稱，就很棒了。某個物品的圖像，加上一些文字後，就可以解決你的問題。在某些情況下，只要節目的名稱以粗黑體文字呈現，就是完美的了。從最極簡的設計開始，再增加東西，不要反過來做。

4. 維持資訊的一致性。當你決定了節目的視覺設計後，在所有的品牌行銷與社群媒體上，都用同樣的配色和形象圖（或是類似的圖樣）。這包括 Twitter、Facebook、你的節目網站、新聞稿、名片以及你的節目在世界上的所有行銷宣傳素材。

5. 如果你做得很辛苦，而且可以負擔額起費用的話，請找專家協助。你可以在網路上找到很多可以合作的設計師。

有些價格合理且多產，一個月可以設計出幾十款設計。其他設計師則價格比較高，但是服務更全面，可以打造出節目在所有平台的「品牌形象」，包括你的節目顯示圖片與宣傳推廣素材等。也有不少人只是學生或才剛畢業，希望可以為自己的作品集增加更多資歷。幸運的是，所有這些人都有可能讓你的節目視覺變得好看與充滿生命力。但是，不要盲目地找設計師合作。看看他們所設計的其他作品，並且直接地與他們討論他們創作的過程、時間規劃與收費標準。

30

寫出吸引人的標題和節目資訊

　　你無法憑封面評斷一本書，但是如果書的封面設計很棒，你翻開這本書的可能性就會增加。這同樣也適用於每一集節目的標題。你比較願意翻開一本標題是《馬》的書，還是《馬的秘密語言》的書？我猜是後者。你難道不想知道馬如何說話嗎？我想知道！

　　但是，有許多 Podcast 創作者都把每一集節目的標題放到最後一步才思考。當節目的內容都製作完成後，他們會把一個主題丟出來，然後就說這是標題。但請記住：一個主題就只是一個主題，沒有故事性，也不吸睛。而你需要吸睛的標題！

　　另一個常見的錯誤，是在錄製和剪輯節目之前，就先為當集節目訂好標題。但是，如果在錄製過程中發生非常有趣的事情呢？如果某個來賓展現出他非常少見的另一面呢？這

不應該寫在標題中嗎？這當然應該要寫在標題中！

因此，不要只用出現在節目中的來賓名字，做為當集節目的標題（例如「德蕭恩‧史密斯」），你應該要從德蕭恩‧史密斯在你的訪談中所說的話之中，找到聽眾會感興趣的話，然後用在標題上（例如「德蕭恩‧史密斯分享令他落淚的事」）。

提醒：如果你希望聽眾依照特定的順序，依序聽你的節目，記得在每一集節目的標題前面都加上集數編號。（例如「Ep. 1：驚喜！我們懷孕了！」「Ep. 2：孕吐」、「Ep. 3：第一次產前檢查」等等。）對於有先後順序的故事來說，標上順序尤其重要。

現在，讓我們進入當集節目的介紹資訊。和標題一樣，你會希望你的當集節目介紹可以引人上鉤，且清楚讓聽眾知道，節目內容蘊含故事性。但更重要的是，你也需要放入任何相關聯，且可能會被聽眾在網路上搜尋的詞彙。這樣一來，聽眾將更容易找到你的節目。

舉例來說，如果你的這集節目聚焦在一位名人上，就把此人的名字和職稱寫到這集的介紹中（「Leona See：美國天

鵝絨繪畫俱樂部的主席」)。如果這集節目聚焦在某個歷史事件上，記得把這點放到介紹中。對於你的節目標題有興趣的人，把任何他們可能會搜尋的詞彙都放到介紹中。但是，不要寫成論文，也不要失焦。一集節目的介紹資訊，如果超過10句話就太長了。寫清楚、寫得有趣一點，然後盡量精簡。

最後，記得在節目資訊中放入你的聯絡資訊、社群帳號和網站的連結網址，並感謝你所有的廣告客戶。所有的這些動作都可以增加你的曝光度，讓你的聽眾更容易找到你。

31

發布你的 Podcast

你正身處 Podcast 創作過程一個特殊的點：你已準備完善，準備要將你的 Podcast 推向全世界。你有節目的視覺設計和發布時間表。你有節目的標題和每一集的標題。而且，當然，你有很多厲害的聲音檔案，都是經過你剪輯而成的精彩故事和節目內容。現在，你該做什麼？該如何把一集節目從你的電腦傳送到聽眾的裝置？請放心，你只需要做四個簡單的步驟！

用正確的格式儲存節目

你很可能以 WAV（Waveform Audio Format）的音訊串流編碼格式錄製和剪輯你的節目。但是，當你要發布你的節目時，你需要將檔案匯出成 MP3 的檔案格式。原因如下。

WAV 檔案是比較舊的格式，在錄製聲音檔時不會降低聲音的品質。但是檔案會很大！1 分鐘 WAV 格式的檔案大小介於 10 MB 到 16 MB 之間，30 分鐘的一集節目，就幾乎是 0.5 GB！這對桌上型電腦來說，也許算小，但是對於手機或平板電腦是非常龐大的檔案。

另一方面，MP3 則是一種壓縮的格式，去掉不重要的音頻資訊讓檔案可以更小，一集 30 分鐘節目的 MP3 檔案，大小通常只有 WAV 檔案的十分之一，因此，MP3 更便於發布節目且更適合行動裝置。這也會是你架設網頁以及與平台合作用到的檔案格式。

選擇一個架設網頁的平台

當你把製作完成的節目儲存成 MP3 檔案後，你的下一步是創造一個目的地，讓聽眾有一個地方可以聽你的 MP3。

最簡單的方法是使用將部落格頁面、訂閱機制（feeds）、中繼資料（metadata）與網頁指標（metrics）全部都整合在一起，且以提供 Podcast 服務為主的網頁空間服務。毫無疑問地，最受歡迎的是「Libsyn」（以初學者便於使用而聞名），

但是還有很多其他的選擇，像是「Podbean」、「Blubrry」與「SoundCloud」。

有一種替代的方法，是創建一個部落格網站，然後用這個網站來存放 MP3 編碼的聲音檔。許多部落格網頁的服務或是平台，都有適用聲音檔／ Podcast 的網頁空間嵌入工具或是選項。像是流行的「WordPress」開源部落格平台，以及它們的網頁空間服務「WordPress.com」，就提供了架設網頁空間與建立你的 Podcast 頻道的簡單選項。「Wix.com」或「Squarespace」等商業服務提供簡單的網站架設，也包含 Podcast 或聲音內容放到網站上的選項。部落格網站的優點，是提供較多創意設計的選項，如果你之後停止創作 Podcast，你還是可以繼續使用你的網頁。最大的缺點，是你要學習與管理的東西變多了。

設置你的訂閱機制

當你架設或是挑選好 Podcast 的主要頁面，設置訂閱機制（feed）就是你的下一步。這也稱作「RSS feed」（簡易供稿機制，Really Simple Syndication feed）。「feed」是節目集數的列表，並引導聽眾至可以聽節目的位置。「feed」還包

含重要的附加資訊（通常稱為「metadata」），像是標題、作者、摘要／說明、封面圖、類別和工作時間。當你發布新的一集節目時，你也會在 feed 中增加一項條目。大多數的部落格或是網頁架設平台，像是「Libsyn」，都設計成可以簡單且自動地設置「feed」。

▍節目內容在多個平台上同步發表

現在，你有了你的訂閱機制，你會想要將你的 Podcast 與訂閱機制盡可能提供給越多聽眾可以接觸到 Podcast 的管道。這個過程稱為同步發表（syndication）。

將節目的訂閱內容提供給 Apple Podcasts、Google Podcasts、Stitcher、Spotify 以及其他幾個可能的地方。你在網路上可以找到很多的教學資訊，教你如何執行此操作。如果你使用的是以 Podcast 服務為主的網頁平台（例如 Libsyn），就可以自動上傳並同步上架到熱門收聽 Podcast 的管道。

通常，你只需要提交一次訂閱內容。在短暫的審核期過後，Apple Podcasts、Google Podcasts 或其他收聽 Podcast 的平台會核准你的內容，這是為了確認你的 Podcast 內容與你所提供的資料一致。然後，一旦你的訂閱內容被這些平台接收

後，「RSS」的魔法就可以在新的節目上傳完成時，讓節目自動出現在你有註冊的所有平台上！

需要加入聯播公司嗎？

雖然透過 Libsyn、SoundCloud 或其他的網頁空間服務，對於獨立製作的 Podcast 創作者來說，是一個好的方法。但是對於某些創作者來說，這只是一個跳板，他們的目標是加入聯播公司。畢竟，聯播公司有銷售團隊、製作團隊、會計師、律師、行銷專家、錄音室、設備和大型的平台，而這些平台就算沒有幾十萬的收聽人數，也幾乎保證有成千上萬的收聽人數。但是，雖然美國有許多聯播公司（包括獨立運作的公司、出版商與廣播電台），要加入聯播公司並不容易。

大多數的聯播公司不會考慮那些在 Podcast 產業中沒有亮眼資歷、沒有現成聽眾群或缺乏知名度的人。而且，大多數的聯播公司不願意幫助那些每一集下載量少於 5 萬次的獨立製作節目。那麼，如果你沒有大量的現有聽眾，你該如何加入聯播公司？

我是因為先後在兩個大型聯播公司——紐約公共電台（WNYC）和 Panoply——擔任全職員工，才得以踏入這扇門。

在這兩份聯播公司的工作，我都有機會提案我的節目構想，幸運地，我的提案都被核准了。在很多方面而言，我都實現了我的夢想。

但是，用我這種方式進入聯播公司的世界，就需要有權衡取捨。包括你很有可能不能擁有自己的訂閱機制、你的節目、節目名稱、你的節目的社交媒體帳號、衍生計劃，或是和節目的智慧財產權相關的任何其他內容。

就算你做節目的夢想早於聯播公司的存在，就算這個節目的構想是你一直以來的夢想，你的聯播公司仍會把你的節目視為他們的財產，而且他們會視你為某位在這個節目工作的工作人員。反之，如果你離開聯播公司，你將無法保有節目的名稱、過去的節目內容與節目的視覺設計。而且，你絕對無法從任何書、電影或電視劇改編而來的改編權利金中獲利，這些將會是你的聯播公司的收入。

有一些 Podcast 創作者可以解決這些問題。在極少數情況下，例如《Another Round》（另一輪）的主持人就得以不花一毛錢，從聯播公司 BuzzFeed 取回這些權利。其他的 Podcast 創作者，則是將版權買回來，然後帶著節目加入其他公司，或是自行製作。而當然，有些主持人選擇放棄他們的

節目，改為製作不同名稱的相似節目，並且在新的聯播公司建立全新的訂閱機制。（例如《Reply All》背後是《TDLR》的創作團隊，《Fiasco》背後則是《Slow Burn》的創作團隊。）

以《By the Book》為例，當 Panoply 在 2018 年底選擇關閉其內容部門時，他們將該節目賣給了 Stitcher。那時，透過我們厲害的經紀人莉茲・帕克（Liz Parker）的幫助，喬蘭塔和我得以協商條件，讓我們擁有某些《By the Book》改編作品的權利。

這並不是說，你不該和聯播公司合作，我就喜歡和聯播公司合作。沒有他們，我也不會有今天的成就。但是，在合作前，你應該知道你能夠保留的是什麼，與你會失去的是什麼，以及聯播公司可以為你提供什麼樣的幫助。

現在，你可能已經注意到，我在這章沒有隻字片語提到「錢」，但是節目的發行和「錢」卻是密切相關。不用擔心，我知道很多 Podcast 創作者都對這點感到好奇，這就是為什麼我為此主題保留了整整一章的原因。請你繼續往下閱讀。

國際性的發行呢？

我經常被問到，在美國以外的世界，Podcast 產業是什麼樣的狀況。有聯播公司嗎？有沒有辦法在英國、紐西蘭或挪威製作 Podcast？好消息：你在世界上的任何地方絕對都可以做 Podcast！

在英國有很多出色的 Podcast——向《A Gay & A NonGay》（同性戀者與非同性戀者）致敬，這個節目由我的前主持搭檔 James Barr（詹姆斯・巴爾）和他的朋友 Dan Hudson（丹・哈德森）一起主持。澳洲也有很多出色的 Podcast——我如果沒有提到國際風靡的《The Teacher's Pet》（老師的寵物）就是我的疏失了。只要有電腦、剪輯軟體和網路的地方，幾乎都有 Podcast。

但是，雖然在美國已經有幾十個製作和發行 Podcast 節目的聯播公司，其他國家的狀況卻不是如此。以英國而言，實際上只存在著一家主要的有聲節目聯播公司，也就是 BBC。在其他國家，最成功的 Podcast 節目，往往也只和少數媒體與出版商有關，例如《The Teacher's Pet》就是由澳洲銷量最大的《澳洲人報》（The Australian）所製作。

這主要是因為聽眾人數較少。根據愛迪生研究所

（Edison Research）2019 年的「Infinite Dial」研究，有 32％的美國人每個月都會聽 Podcast。但是在大西洋另一邊的英國，根據英國通訊管理局（Ofcom）所引用的研究資料，在 15 歲以上的人口中，只有 590 萬人是 Podcast 的聽眾（對比總人口 6,600 萬）。

換句話説，在國際市場上，Podcast 仍是以獨立製作為主。但是，獨立製作不一定就不好。獨立製作的英國 Podcast《My Dad Wrote a Porno》（我的父親寫了一本色情小説）擁有超過 1.5 億的下載量，其他獨立製作的創作，例如《The Guilty Feminist》（罪惡的女權主義者），也獲得了國際性的讚譽。

更令人鼓舞的是，每年都會出現新的 **Podcast** 獎項和論壇，而像是《**The Guardian**》（衛報）這類的國際媒體，也開始以每週最佳節目排名的形式來推廣 **Podcast**。為什麼不在整體市場相對小，且能見度不斷增加的情況下，加入這個市場呢？你的 **Podcast** 可能就是下一個媒體焦點。

32

思考「變現」這件事

朋友，我不想當澆你冷水的人，但是我必須堅定且明確地告訴你：絕大多數的 Podcast 都不賺錢。這點可能會令你驚訝，因為你看到有這麼多新聞標題都在報導 Podcast 的熱潮。別誤會我的意思，確實有些資金是投入在 Podcast 上。

事實上，普華永道會計師事務所（PricewaterhouseCoopers，簡稱 PwC）和互動廣告協會（Interactive Advertising Bureau，簡稱 IAB）預測，在美國花費在 Podcast 上的廣告費用，將從 2017 年預估的 3.14 億美元，在 2020 年增加一倍，達到 6.59 億美元。但是可悲的是，獨立製作的 Podcast 仍然很難賺到這筆錢。

原因如下：

1. 大多數廣告商仍然不信任 Podcast。特別是與平面廣告、電視廣告和廣播廣告相比，Podcast 對他們來說仍是一種

新媒體。

2. 熟悉 Podcast 的廣告商普遍喜歡和具有龐大聽眾群、銷售部門與會計師的節目合作，這代表著大多數的廣告商都是和聯播公司合作。

這不表示，獨立製作的 Podcast 節目不可能獲利。我認識幾個成功賺錢的獨立製作 Podcast 創作者。其中一些人——例如《Millennial》（千禧世代）的梅根・坦（Megan Tan）——甚至告訴我，他們能夠靠自己的 Podcast 利潤維生（雖然就梅根而言，在製作和行銷她的節目的同時，管理書籍出版也變成另外一項龐大的工作，這也是她最後加入 Podcast 聯播公司 Radiotopia 的原因）。

如果你的目標是要賺錢，你可以採取以下幾種方法：

1. 聽眾贊助。在你的每一集節目中，邀請你的聽眾透過像是內容創作者的募資平台 Patreon 或是創意專案的募資平台 Kickstarter 的這類網站來贊助你。Podcast 創作者通常會回饋給贊助的聽眾禮物、在節目中唸出贊助者的名字致意，或是提供其他的回饋內容。

2. 會員制與訂閱制。有些節目僅開放給付費會員聽，有

些則是任何想聽節目的人都可以聽，但會員可以享有無廣告的收聽體驗、額外的彩蛋內容、搶先聽的權利，或其他的會員回饋，讓會員每個月付幾美元有其價值。

3. 廣告商。你知道在節目中經常聽到的那些 ThirdLove 胸罩和 Casper 床墊廣告嗎？大多數的廣告會出現在大型聯播公司的節目中。但是，只要廣告商的目標受眾特徵與你的聽眾群完全符合，還是有廣告商願意在規模較小的節目中曝光。例如，如果你的節目和懷孕議題有關，那麼可能有尿布公司、嬰兒食品公司或遊戲空間場地會對和你的節目合作廣告感興趣。

4. 贊助的節目內容。這是廣告商為了在一定數量的集數或整季節目中曝光而付費，以換取廣告商的產品變成節目故事情節的重點。也就是，例如，如果你的 Podcast 節目跟調酒有關，你可以邀請思維卡伏特加贊助四集關於伏特加調酒的系列節目，然後，你可以邀請愛爾蘭的貝禮詩奶酒贊助聖派翠克節調酒的系列節目，以此類推。但請注意：當你走上這條路時，你就必須同意讓廣告品牌對你的節目內容握有編輯的決定權，這可能放慢你的節目製作過程，並且損害你對節目的願景。

在前兩種型式，你需要有真正支持你與你的節目的聽眾。幸運的話，你可能會像《Opening Arguments》（開場辯論）一樣，這是一個解釋新聞事件背後的法律依據的 Podcast 節目，在 2016 年時，《Opening Arguments》每月從其忠實的贊助者獲得 1,721 美元的收入。而如果你真的、真的很幸運，那麼你可能會像《Last Podcast on the Left》（左邊最後的 Podcast 節目），這個節目討論真實犯罪的系列在 2017 年時每個月從其 Patreon 募資平台上的 4,300 位支持者那裡，獲得大約 25,000 美元。

　　關於後面兩種型式，我的建議是，首先，你需要先達到每集節目至少有 5,000 位專心聽節目的聽眾（你的網頁後台將可以告訴你，你的「不重複收聽數」、「訂閱數」等數據），然後，盡可能地去了解這些聽眾，例如他們的性別、年齡、種族和地理分佈。然後，將這些資訊提供給潛在的廣告商，請準備好聽到很多人對你說「不」，然後，當你終於聽到「好」時，將你的收費條件以書面形式寫下，並且詳細的記帳。

　　最後，如果以上幾種型式都不適合你，請不要失去信心，持續關注各個發行平台所提供的利基。有越來越多平台正在

實驗如何在聽眾群較小的節目中投放廣告，例如 Anchor 和 Megaphone。隨著 Podcast 產業越來越成熟，就會有更多的廣告商想找具備優質節目內容以及強大聽眾群的 Podcast 創作者合作——事實上，有一些廣告商已經在這麼做了！

在 **Podcast** 曝光的廣告費用是多少？

Podcast 的廣告通常以「CPM」為計算基準。「CPM」代表「每 1000 人看到你的廣告的成本」（cost per mil）。「mil」源自拉丁語，代表「千」，因此，「CPM」的另一種說法是「cost per thousand」。計算方式如下：你和廣告客戶商定好，他們願意為每一集新節目所獲得的每一千次下載（通常以一個月內的下載數為準），支付多少費用。因此，如果你的每一集節目在發布後的第一個月，獲得 10,000 次下載，而你的 CPM 是 20 美元，那就代表那個在新一集節目中出現的廣告，可以讓你賺到 200 美元。CPM 的計費標準通常是介於 15 到 50 美元之間，下載數越多的節目，就可以有較高的 CPM。

第七部

成長

33

把宣傳放在優先順位

　　最近，我參加了美國最受推崇的某一個有聲節目論壇，當台上有一小組人在討論獨立製作 Podcast 的起起落落時，我正坐在觀眾席裡面。主持人引導三位獨立製作的 Podcast 創作者陸續回答幾個問題，包括介紹他們的節目內容、他們是否有仰賴其他人協助製作、他們如何管理時間……等等。最後，她問到關於宣傳的事情：「你如何將節目推廣出去？」

　　第一位與談者堅定地回答：「我是一位藝術家。我是做創作的人，行銷公司的事情不是我的工作。」

　　其他兩位與談者一起點了點頭。第二位與談者說：「我有一份全職工作，然後我還要做這個節目，在這之外，我幾乎沒有時間做任何事情了。」

　　第三位與談者說：「我喜歡這樣想，如果我做出自己喜歡的好產品，人們自然就會來聽。」她指出自己有 500 多位

聽眾，來佐證她的理論。

　　我沒有要貶低這些獨立製作的 Podcast 創作者，我非常欽佩他們在製作節目時在少少的幫助下所付出的種種辛苦。這需要非比尋常的決心。但是我要說的事情是：我認為他們錯了。如果你想要吸引到聽眾（我想絕大多數正看到這裡的你們都希望吸引更多聽眾），那麼宣傳你的 Podcast 就是絕對必要的工作。

　　這是因為在 Podcast 的領域，聽眾可以找到你的方法，是非常有限的。人們不像打開收音機或電視那樣，可以偶然發現你的節目。除非你和某家行銷部門預算充裕的聯播公司合作，不然大眾不會聽到你的節目的廣告，也不會看到上面有你的臉孔的廣告立牌。你的節目不會突然神奇地出現在人們的手機上或從他們的耳機中播放。你必須承擔將節目推廣出去的責任，每個星期的每一天，都要花好幾個小時來為節目做宣傳。

　　我知道這聽起來很累人，我都懂。我曾經有過同樣的感覺。就像第二位與談者一樣，我過去常常指出自己每週已經工作超過 60 個小時了，然後說：「我已經做了這麼多的事情了，憑什麼還有人可以要求我要宣傳節目？」

我也了解，「宣傳自己」是一件令人尷尬的事情。這個星球上有哪一個禮貌的人會想要大聲喊著：「聽我說！我有很多有趣的事情要分享，其實，我把自己說這些趣事的話都錄下來了，我想您應該在您寶貴的空閒時間裡聽那些錄音！」

　　但是，請你聽好。宣傳很重要。即使你的時間有限，你也可以做宣傳。你可以將宣傳工作放入你其餘的節目製作流程中。你可以把宣傳的工作和你每天已經在做的其他有趣事情一起做（在接下來的章節中，我會告訴你更多關於作法的資訊）。如果你改變對這件事情的看法，你甚至可能會愛上它。我就非常驚訝於，我自己後來很喜歡做宣傳的工作。 我真誠地相信你也會有這個轉變。

　　不相信我嗎？讓我們回顧一下第三位論壇的與談人。她說，她有 500 多位聽眾。這個數子已經比我們大多數人的朋友數都多，這也代表著，她實際上已經吸引了在她人脈圈以外的更多人去聽她的節目。

　　但是想像一下，如果她停止說：「如果我做出自己喜歡的好產品，人們自然就會來聽」，然後改成說：「我非常喜歡我的節目，我也將自己的心力都投入在這個節目上，我希

望將這個節目推薦給更多可能也會喜歡它的人。」

其他可能對你適用的說法：

- 「我知道自己的節目對人們有幫助，所以我希望讓它被那些它可以幫助的人所聽到。」
- 「我希望在我剛開始我做我的職業的工作時，也能有像這樣的節目可以聽。」
- 「我覺得自己的節目可以讓很多人感到不那麼孤單。」
- 「我認識很多女人都對這個議題有興趣，但檯面上似乎只有男人在討論這個議題，我希望這些女人知道，有人認同她們的觀點。」

當然，這僅是幾個例子，我還可以列出幾百個。但是我不需要為你列出所有的說法。如果你回頭翻本書的開頭，就會發現你已經知道該說什麼了。

還記得我問過你為什麼要做 Podcast 節目，以及你的節目受眾是誰？那就是你的說法，以及你該做宣傳的對象。請用你自己的話來分享你的節目。我向你保證，最終，路易斯、安瓦爾以及其他你的聽眾中的任何人，都會非常感激你跟他們分享你的節目。

34

經營社群

對於許多 Podcast 創作者來說，不論我講多少次，請他們改變宣傳相關的思維方式，他們仍然對此感到尷尬。但是，當我說了「社群」一詞，他們就開竅了。

「社群」聽起來很熱情，「社群」是在說：「我們都是這件事的一份子。」「社群」的感覺不像是，「嘿！聽我自吹自擂吧。」「社群」的感覺像是，「朋友，讓我們一起構築這件事吧。」那是因為社群的成員不只是聽眾，而是互相依靠彼此的人們，共同覺得自己是某個偉大理想的一部分，他們會想將這件事情口耳相傳出去，並且和那些信任他們的人分享，這是任何廣告立牌都達不到的效果。

在所有我主持和製作的節目，我都以近乎狂熱的熱情，愛著我的社群成員。我對他們熟悉到，我知道他們的姓名和所在位置，他們有很多人也跟隨我從一個節目轉換到另一個

節目（我在說的是你，紐澤西州的肯·隆科維茲）。這些聽眾所做的不僅是訂閱和下載節目，這已經是非常貴重的禮物了，他們還把故事分享出去，為我的節目創造了內容。

他們的稱讚和批評，幫助我成為更好的主持人。他們教會我和其他的聽眾，以不同的眼光看待這個世界。他們還在社群媒體上推薦他們喜歡的節目內容，甚至寫部落格文貼文和文章來鼓勵其他人去聽我的作品。

但是，你該如何建立自己的夢想社群？你該如何從對著麥克風說話，發展到讓聽眾覺得和你以及其他聽眾之間有連結？你如何讓一個偶然發現你的 Podcast 的人，一次又一次地回來聽節目，並告訴他的所有朋友來訂閱你的 Podcast ？

這沒有什麼魔術般的作法，但是我發現有一些方法確實可以奏效。我將它們分為三類：在 Podcast 節目中該做的事情、在 Podcast 節目之外該做的事情，以及，聽眾可以為你做的事情。我開始說囉！

增加聽眾在節目裡的參與度

▌提供聽眾與你聯繫的方式

設置節目專用的的電話專線和電子郵件信箱，這兩者透過 Google 就可以輕鬆設置完成。這組電話號碼請設定成永遠自動轉到帶有親切問候語的語音信箱，你不會想真的和每一個打這支電話的人交談！在每集的節目都鼓勵聽眾聯繫你，給聽眾一些打電話或來信聯繫你的原因，並提一下聯繫的方式。另外，在你的節目資訊中也記得放上聯絡方式。

▌請聽眾分享對於節目主題的看法

例如《浮華世界》的《In the Limelight》（大眾的關注焦點），這是一個關於名人新聞以及皇室成員八卦的 Podcast，在節目中，喬許・杜博夫和茱莉・米勒邀請聽眾分享他們自己目睹名人的故事。語音信箱和來信的內容有時候非常性感，有時候令人尊敬，而且，總是充滿意想不到的細節敘述。這些內容包括喬治王子（Prince George）在寵物公園對陌生人介紹自己時使用的假名，以及安潔莉娜・裘莉（Angelina Jolie）和她的孩子在攀岩時所穿的衣服……等。

給你的聽眾「回家作業」

雷夫和我在《Movie Date》的每一集結尾會播放一段電影的片段，然後讓聽眾猜這是哪一個電影片段。來自世界各地的聽眾在每一週都會來電話以及寫信來告訴我們答案。知道正確答案的唯一獎勵，就是我們會從中抽出你的名字，並且在下一集的節目中大聲唸出你的名字。雖然只有這樣，但是聽眾每一週都會持續來電。請注意，你不用在節目的每一集都固定給聽眾同樣的挑戰。例如，當我在製作《Happier with Gretchen Rubin》時，我們有一次請聽眾在 Twitter 上寫關於他們生活的俳句詩。在收到數百封聽眾的詩後，格雷琴和妹妹麗茲在節目中挑選其中一些詩朗讀，並且念出聽眾的姓名以及 Twitter 帳號，被唸到的聽眾都非常高興。這樣做還有一個好處：主持人在社群上的追蹤人數會很快地增加。

讓聽眾知道他們可以向你尋求建議

就算你不覺得你的節目是提供建議型的節目，你還是可以思考如何透過你獨特的觀點給予聽眾建議。就像我先前提過的，在《Movie Date》節目中，我們有一個名為「電影治療」（Movie Therapy）的橋段。聽眾會來電或是來信詢問生活上

的問題，我們會提供他們一份電影或電視節目的清單，幫助他們度過讓他們覺得痛苦的現況，這可能是一系列跟快樂有關的電影、關於獨立女性經歷痛苦的分手、關於職涯轉換後獲得事業上的成功而令人感覺良好的電影，或者，只是一部長壽電視劇，幫助新手爸媽度過無眠的夜晚。

▋請聽眾給你建議

在《By the Book》的每一集，我和喬蘭塔都會請聽眾告訴我們，他們建議我們挑戰哪些書的生活法則過生活。而我們每一天都會收到幾十封建議的來訊。這是因為大家都喜歡提供幫助，也喜歡當專家。最重要的是，當我們從中挑出一本他們所建議的書而跟著書中的方活法則過生活時，他們會覺得自己的建議獲得認可。每一週都有人會寫下：「你們終於挑戰我建議的書了！」不論他們是提名這本書的唯一一個人，或是提名這本書的成千上萬個聽眾之一。

▋跟聽眾對話

最重要的是，在每一集的節目中，請聽眾回答會引導出故事的特定的問題，而不是問意見或是非題。意見也很好，

但是意見到處都是，而故事對於每個人都是獨一無二的，和大眾也有連結。因此，邀請你的聽眾告訴你他們第一次墜入愛河、他們釣過最大的魚、夏令營的經驗、他們最擔心錢的時候以及和他們最愛的祖父母相處最美好的回憶。

詢問聽眾關於和你的節目關聯性不太高的任心問題，這可以讓你跟他們真誠地互動，這也會讓其他聽眾微笑並點著頭說：「我也發生過一樣的事情。」

在節目外增加聽眾的參與度

▌打造一個聽眾可以彼此交談的空間

我們在做《By the Book》節目時，有一個非常活躍的Facebook 社團，社團成員是超過一萬名的節目聽眾。我們是在節目開播幾週後，就開始經營這個社團，針對我們在節目中作為生活方針的自助書，我們希望聽眾可以彼此分享、討論他們自己依照這些自助書所生活的經驗。但是這個社團頁面成長為一個更偉大的地方，而且這裡發生的事情永遠不會停止讓我們驚豔。每一天，都有人會登入社團，針對他們生

活中的問題，在這裡尋求建議。他們會提供建議與協助。他們會分享自己最痛苦的不安全感來源，以及最快樂的事情，並且同理彼此、為彼此感到高興。他們分享自己和寵物的合照，以及他們的家和社區的樣子。他們甚至在世界各地自己成立讀書會，有些是讀自助書，有些則是廣泛的文學作品都讀。

▌餵給聽眾更多額外的內容

為你的節目建立一個 Twitter 帳號、Facebook 粉絲專頁以及 Instagram 帳號。每天至少都在其中一個平台上發布一些東西，最理想的是在所有的平台每天都發布更新。分享你在讀的東西與思考的事情，與一些你的私人生活狀態。讓他們看看你的錄音室、宣傳即將上節目的來賓與主題，並且對他們預告新的節目上線的時間。而且，不要只是發布內容，你還要回覆那些你貼文下面的留言，就算只是在他們所留言的照片按「讚」也好。

▌舉辦見面會

舉辦現場直播節目、聚會，為聽眾創造與你碰面的機會。

這樣做的目的並不是要吸引新的聽眾，而是要與現有的聽眾建立更穩固的關係。讓他們看看你說話時擺動手臂以及你笑起來時鼻子會皺起來的樣子。和大家自拍、給予讚美、提供娛樂活動，以及最重要的是，感謝每位聽眾來參與活動，並感謝他們和你一起打造了這個節目。

讓你的社群幫助你吸引更多人加入

在每一集的節目，都鼓勵聽眾在 Apple Podcast、Stitcher 及任何他們聽你節目的平台給你的 Podcast 評分和留下評價。這樣做會幫助其他人更容易找到節目，因為許多 Podcast 平台都設有演算法機制，會根據聽眾與你的節目互動的頻率，來決定你的節目被其他人發現的頻率。然後，不時在節目上唸出一些評論，並對聽眾表達感謝。

請他們將節目分享給他們的朋友、家人和同事。而且，不要只在節目中請他們做這件事情，在每一次你回訊給聽眾時，記得在你的訊息的最後說：「非常感謝你收聽節目，以及向所有的朋友與家人分享我們節目。我們非常感謝你！」

如果這一切都進行順利，你的聽眾將開始有和你節目相

關的慣用語，他們會彼此互動，就好像是朋友一樣，他們也會與你互動，就好像他們已認識你多年。他們將會期待著每一集節目，並讓其他人也和他們一起期待著。你已創造出一個你的聽眾需要的空間，而且你可能沒有意識到，你自己也需要這個空間。你不僅會有一群聽眾，你將擁有一個社群。

當聽眾給你負面的回應時，你該如何維持堅強？

朋友，我相信你可以像我一樣，你會很幸運，你的節目將會有一個很棒的社群，真心為你和彼此感到高興，對於你的創作也感到期待。但是，即使你打造了最棒的社群，還是可能會有少數聽眾對你說些負面的話。舉例來說，在過去一週裡，我就被說是有「自我優越」的情結。有一位聽眾診斷我是一個有問題的人，說我有深層的問題，但我自己卻不願意面對。另一個人則說我是「差勁的朋友」。之所以會有這些攻擊性的言論，是因為我不喜歡這些聽眾喜歡的某本書。當然，被謾罵和不實指控感覺很糟，但是我有一些應對機制可以幫助你：

1. 我試著區分建設性的批評與辱罵。謾罵和反饋之間還是有著差異，後者實際上可以幫助我成為一位更好的 Podcast 創作者。有人建議我使用更描述性的話語，或者提到更多的日期和人名，這就是提供給我反饋。貶低我的人格或謾罵我則是混蛋的行為。

2. 我記起，聽眾的回應是一份禮物。幾十年前，當時我在大學的報紙中寫了一篇專題報導，這篇文章引來了這份報紙發行以來最多的仇恨來信。我要強調一下，這篇文章的標題是「So Hip It Hurts: When Be Cooling Goes Too Far」（時髦的反傷：當你「酷」

過頭了），這篇文章是在講述有關「裝酷」所造成的經濟問題。我收到數百封的信，辱罵我並說這篇文章的作者很顯然是個失敗者。我覺得很沮喪。但是我的母親提醒了我，我有多幸運。「看看有多少人在談論你！你知道有多少人願意為了獲得這種宣傳而做任何事嗎？」沒錯，她是對的。我寫的東西引起了共鳴，這個共鳴強大到足以使人們談論我。當我收到大量憤怒的來信時，我經常會回想起這件事情。

3. 我不會獨自面對批評。我一直很幸運，能有很棒的主持搭擋，在問題發生時他們會與我站在同一陣線。他們不止同理我，還會幫我冷靜下來，有時候，他們還會在節目中為我辯護。例如，在我主持《Movie Date》的早期，有許多聽眾說我在節目中太常笑了。他們說，我聽起來很不專業，像是傻笑的女學生，不該被認真看待。最終，我的主持搭擋雷夫受不了這些批評了，以至於他在節目直指這個事情。他說，他讀了所有的來信並聽到了所有的語音留言，而他有一段錄好的回應，想與大家分享。然後，他放了一段錄音，內容是擷取我在《Movie Date》最開心的那些時刻，做成一段長的混音，這段聲音檔就是我的笑聲。當這段聲檔播完後，他總結道：「克莉絲汀的笑聲是這個節目最棒的特色，如果你不想聽她的笑聲，我根本不知道你為什麼要聽這個節目。」

4. 我會記起，我大多數的聽眾都有正面的回應。這些年來，我收到的來信中有超過 90% 都是正面的。其中有些是如此正面，以致於我看完還哭了。但是，其他 5% 到 7% 的關鍵郵件可能會讓人很受傷。每當我因此而低落時，我會想到：不滿的來信並不等於實際上不滿聽眾的比例。這件事情，是我在十幾歲的時候受訓當電話服務中心的客戶服務員時學到的（我滿喜歡這份工作的）。那時的培訓師明確指出一件事：絕大多數滿意的客戶，永遠不會告訴你他們對你感到滿意。但是，在不滿意的人之中，有很大一部分人會讓他們的不滿被看見。這意味著，每一個抱怨你的人，就代表可能還有幾十個人沒有表達意見。不滿的人只是幾話聲音比較大聲罷了。

5. 我會在節目中以及在社群中對聽眾說話。我在客戶服務的工作學到的另一件事：當你指出某位對你發火的人，嘗試解決問題或單純地聆聽時，這些人通常會變得比從未對你不滿的客戶更加忠誠。所以，請回信給他們。讓他們知道你聽到了他們的意見，並且不時地在節目中讀他們的來信（可以搭配雷夫的笑聲混音檔）。這不僅可以使那一個聽眾更滿意，其他聽眾還會因此而看見你人性化的一面，而不僅僅是一個在節目上說話的人，讓他們可以把怒氣發洩在你身上。

35

把宣傳做到位

現在,你已經對宣傳自己的節目建立了正面積極的心態,並且對打造你的社群充滿信心。相信我,我對你有信心!你可以的!

但是你還必須做那些事情?有好的社群成員和良好的心態,就足以宣傳你的節目嗎?唉,這樣是不夠。你還必須勇於將節目推廣出去。對你來說,幸運的是,你已經證明自己是一個勇敢的人。一開始,是你的勇氣讓你踏上了這段旅程,而你也將勇敢地完成以下七個步驟:

▍1. 分享你的節目給所有你認識的人

應用我們在前半部提到的「電梯簡報」方法,用活潑且熱情的方式向別人介紹你的節目。你可以在 Facebook、Twitter 和 Instagram 上告訴大家,並在貼文中總是放上導向

你的節目的網址連結。你可以當面親自向他們介紹你的節目，給他們一張名片，名片上有著你的節目的網址連結。你可以指出他們收聽節目會有的收穫，並推薦符合他們興趣的特定幾集節目。

2. 架設一個網站

你可以找有提供網站模板、易於操作的網站來架設（例如 Squarespace），只要花你一個下午就可以完成了。如果你有多餘的預算，也可以僱人來進行這項工作。一個網站可以為你做三件事：當你向人們介紹你的節目時，網站就是他們可以去的地方。這些人可能是想將你放入他們最新的前十名 Podcast 的媒體，或是潛在的新聽眾。它提供了一個地方，讓新的 Podcast 收聽者可以聽你的節目，而無需使用令人恐懼的應用程式。（有 2/3 的美國人都沒有聽 Podcast 的習慣，這對他們來說很重要！）最後，網站可以增加你的流量。如果你將熱門的搜尋詞彙置入你的網站中，你的網站就會有自然的流量（最簡單的方法是將你的社群動態更新嵌入到你的網站中）。

3. 做低成本的「游擊行銷」

當你看到 Reddit 論壇、Facebook、Twitter 或網路上其他任何地方的討論串和你的節目主題有關，或是廣泛的 Podcast 討論時，請加入討論並提到你的節目。或者，你可以自己說些挑釁的話來引起討論。例如，幾年前，我決定在 Twitter 上大聲嚷嚷、談論某一則十大 Podcast 的名單，這又是一份只放入由男性主持人所主持的節目的排名。我邀請網友加入討論，告訴大家他們最喜歡的由女性所主持的節目。這則貼文在不到一週內收到了幾千條留言，而我也因此增加了幾百位追蹤我的人。

4. 安排互換宣傳的合作

有大部分的 Podcast 聽眾表示，他們是透過已在聽的節目的主持人，而認識新的節目。有時候，主持人單純地很喜歡另一個節目，然後就會談論它。其他時候，你會聽到主持人幫其他節目背書，是因為兩位主持人談好了互換宣傳的合作。在互換宣傳的合作中，每位主持人可能會說一些話來推薦另一個人的 Podcast，或是在自己節目的開頭或結尾，播放另一個節目的 30 秒預告。那麼，你該如何安排互換宣傳呢？

有些節目的聽眾群比較可能也會喜歡你的節目內容，你可以試著找這些節目合作。也就是說，如果你的節目是真實事件改編的犯罪節目，你可能會安排與其他真實犯罪節目或其他針對女性聽眾的節目，來進行互換宣傳。請注意節目聽眾的人數，在大多數的情況下，擁有 100 萬聽眾的節目，不會有興趣和只有 300 位聽眾的節目做互換宣傳，但是，只有 750 位聽眾的節目也許對於合作會持開放的態度。

▌5. 在節目中加入來賓訪談的橋段

你可以找你真正感興趣而且也有自己的粉絲的人。你可以找其他節目的主持人、知名專家、有影響力的人、作者與名人。當節目發布後，寄給他們一封電子郵件、提供他們該集節目的連結網址、一再表達你的感謝，然後請他們協助宣傳。如果你比較大膽的話，你還可以幫他們寫好推薦貼文的文字範例，包括你的節目連結網址，讓他們可以直接在網路上分享。另外，當你在社交媒體上宣傳這一集節目時，請標註來賓，並引用他們在訪談中說的佳句。他們非常有可能會在社群媒體上回應你，或是以其他方式轉發你的訊息。

6. 毛遂自薦當其他節目的來賓

整理一份節目清單，列出哪些節目的聽眾可能也會喜歡你的節目。以節目聽眾群人數和你的節目相同的節目為目標，或是可以找比你大一點的節目（如果是有幾百萬聽眾的熱門節目，就很少會找才剛展露頭角的 Podcast 創作者上節目）。用電子郵件和對方聯繫，在寫你的自我推薦時，請清楚讓對方知道，你可以為對方的觀眾帶來什麼樣的價值。在接受訪談的時候，記得要提到你自己的節目。在該集節目發布後，在你自己的所有社群帳號上宣傳你的訪談，標註該節目的主持人，並將常被搜尋的主題設為 hashtag 標籤。你還可以在自己的節目中宣傳這次訪談。這些努力不僅會吸引更多人聽你的訪談，也會吸引更多的聽眾來聽你的節目，這還可以作為當你向其他節目推薦自己時，對方可以參考的訪談案例。

7. 把所有的感謝都當成自我宣傳的機會

作為節目主持人，你應該向全世界表達你的感謝。換句話說，你不僅要說謝謝，而是要在社交媒體上貼出你的感謝信，讓這些表達謝意的內容可以在社群媒體上被看到，而

被分享和轉貼。我在前面已經提過對你參加的節目與參與你節目的來賓表達謝意。但是你也應該感謝廣告商，並標註他們與你的節目。你也可以用同樣的方式感謝過去一週啟發你的書籍作者。感謝寫信給你的粉絲。感謝所有人，包括寫小型部落格的部落客與大型的報紙。（「XXX，謝謝您分享 @ByTheBookPod 是您最喜歡的其中一個節目之一！能夠與 @RoyalWeddingPod 這樣厲害的節目為伍，我們非常感激！」）你越常標注其他人，你就越有可能被轉貼或是轉分享。

如何自我推薦擔任其他節目的來賓？

要向陌生人推薦自己，可能有點可怕與厚臉皮。但是請相信我，你這是在幫他們一個忙。這是因為，Podcast 創作者通常都在尋找新的故事，你可以用你的故事滿足他們的需要。如果他們拒絕，那是他們的損失。

- 在標題欄位，寫明「來賓推薦」然後再補充一些資訊。（「Podcast 來賓推薦：食品專家，提供挑選食物的技巧給挑食的人」）
- 在電子郵件的內文中，介紹你自己和你的節目。（「親愛的沃森女士，我的名字是迪娜・阿里，我是

《Happy to Eat You》Podcast 節目的主持人。在
《Happy to Eat You》的每一集節目中，我都會分
享我很高興能吃到的東西，並試著讓其他人也對此有
同感。」）

- 告訴主持人你喜歡他們的節目，並提供證明。（「我
  是《Parenting: The Final Frontier》的忠實聽眾，尤
  其喜歡與食物有關的節目內容，例如你帶著幼兒在車
  上進食的那集。」）

- 提案你的想法，並記得讓你的提案聽起來和他們的聽
  眾是相關的。（「我很希望可以成為您的節目的來賓，
  與您討論另一個食物的議題：小小挑食者，以及讓他
  們吃得更多並降低崩潰發生的策略。」）

- 至少舉三個案例，說明你將提供給他們的聽眾什麼樣
  的幫助。（「特別是，我會討論：與孩子一起購買食
  物的好處，一家人一起準備飯菜可以減少食物對孩子
  的威脅性，以及，如何偽裝孩子害怕的食物。」）

- 放上你的聯絡方式。（「請讓我知道您對此是否感
  興趣。您可以寄電子郵件給我，或是來電 555-123-
  4567 聯絡我。）

- 明確表示你將會回報對方的幫忙。（「當然，我會在
  我所有的社群媒體管道和自己的節目中大力地宣傳這
  集節目。」）

- 在你的簽名檔介紹一下你的節目以及之前的來賓，與連結至你的網站和社群媒體頁面的網址連結。
- 請有禮貌！如果你沒有用到「請」和「謝謝」，並且對他們說好話，那你的內容一定有問題。
- 簡單扼要，講重點。如果你寫了超過十二句話，你的內容就太長了。
- 完整的電子郵件應該像是這樣：

Podcast 來賓推薦：食品專家，提供挑選食物的技巧給挑食的人

親愛的沃森女士，

我的名字是迪娜·阿里，我是《Happy to Eat You》Podcast 節目的主持人。在《Happy to Eat You》的每一集節目中，我都會分享我很高興能吃到的東西，並試著讓其他人也對此也有同感。

我是《Parenting: The Final Frontier》的忠實聽眾，尤其喜歡與食物有關的節目內容，例如你帶著幼兒在車上進食的那集。

我很希望可以成為您的節目的來賓，與您討論另一個食物的議題：小小挑食者，以及讓他們吃得更多並降低崩潰發生的策略。特別是，我會討論：

- 與孩子一起購買食物的好處
- 一家人一起準備飯菜可以減少食物對孩子的威脅性
- 以及，如何偽裝孩子害怕的食物。

請讓我知道您對此是否感興趣。您可以寄電子郵件給我，或是來電 555-123-4567 聯絡我。當然，我會在我所有的社群媒體管道和自己的節目中大力地宣傳這集節目。

感謝您寶貴的時間與耐心。

Sincerely,
迪娜・阿里
《Happy to Eat You》主持人
聯絡電話：555-123-4567
Twitter / Instagram / Facebook
www.showwebsiteexample.com

《Happy to Eat You》是一個宣揚對食物熱情的 Podcast 節目，我們去掉任何對食物的偏見。我們的來賓包括梅琳達・史泰爾斯、杜安・傑佛遜和萊拉・帕克。在去年，《Happy to Eat You》的下載量已超過 10,000 次。

36

當一個好的受訪者

在上一章中，我建議你以來賓的身分參與其他節目。但是，假設其中某個節目實際上決定邀請你。你準備好給出精彩的採訪內容了嗎？

現在，我要誠實告訴你一件事情：當我第一次接受採訪時，我的表現糟透了。不，這不是我謙虛。我發誓我所說的屬實，我那時的表現只能說是非常爛。我在觀眾面前第一次被採訪的經驗，與 Podcast 無關。明尼阿波里斯市的一家地方電視台，希望就州長選舉與不同的當地選民和未來選民對話。

當時我只有 14 歲，為候選人保羅‧威爾斯通（Paul Wellstone）擔任志工（在此我要對已逝世的保羅‧威爾斯通和熟悉他所倡導的理想的人致敬）。顯然，我當時年輕且參與公民事務的熱情，吸引了節目的製作單位。

我什至不記得我是怎麼得到採訪機會的。我只知道，輪到我的時候，採訪者問了我一個、又一個的問題，我都不知道該如何回答，大部分的時間我都呆呆看著攝影機。我非常尷尬。與之同時，節目中的一位評論員（一位聰明、中年的積極份子，我們稱為法蘭西），卻她放鬆且自在地填補了所有因我而造成的中斷。

　　同時，我也覺得法蘭西有點莫名其妙。因為我忍不住注意到，不論問她什麼問題，她都只會談她所倡議的事情。等等，採訪者剛剛不是問你有關任期限制的問題？你怎麼會用你對移民的看法來回答這個問題？她就像在變魔術一樣，我不知道她是如何做到的。

　　下一次我上節目受訪，已經是很多年後了。我已經成年了，在公共廣播電台擔任製作人，那是我和雷夫‧古茲曼一起主持《Movie Date》的前期。每天播出的新聞節目《The Takeaway》（重點整理）詢問我是否願意和雷夫一起參與他每週的電影評論橋段。《Movie Date》是《The Takeaway》的衍伸節目，《The Takeaway》是現場直播的節目，擁有 200 萬的聽眾。

　　負責這段節目的製作人告訴我，這很簡單。「主持人只

會問我列給你的同樣問題，你就回答這些問題就好了。雷夫已經受訪了好幾個月。你只需要和他一起，做和他同樣的事情，但是加上你自己的觀點。」另一位製作人建議我：「你只需要記下負責這段節目的製作人為你準備的每一個問題，以及記下所有你提供給她的答案。」

這聽起來很簡單。回答問題，記住幾句話。但是第二天早上，當我坐在那支麥克風前，代表現場直播的燈號亮起，然後主持人開始問我，我從來沒想過的問題（**請問一下，你為什麼要詢問這位明星的政治觀點呢？**），我聽起來很僵硬、前後不合邏輯且困惑。

幸運的是，《The Takeaway》願意給我另一次機會。在上節目前，我向另一位定期上這個節目的評論家貝絲·柯林納（Beth Kobliner）尋求建議。貝絲是個人理財專家，也是很棒的受訪者。她的建議或多或少和我青少年時期從那場災難的訪談中，在法蘭西身上學到的雷同：**不要直接回答問題，而是要回答你想說的話**。更具體地說：想一下，有哪些觀點你認為對觀眾是有重要性的，然後將話題導向這些觀點，而非直接回答這些問題。

也就是說，如果採訪者詢問名性的政治觀點，例如：「瓦

萊麗‧肯恩最近是否參與了一些非常激進的政治活動呢？」如果你真正想談的是，她是一部奧斯卡得獎等級電影的黑人女主角，就把話題導向這個方向。你可以說，「我認為，更重要的是，我們看到好萊塢的演員陣容的政治光譜正在改變。過去幾個世代以來，好萊塢幾乎都是透過白人的角度來講述故事。觀眾需要的是多元化，而且他們終於開始看到這些多元化了。」

你看出我怎麼做的嗎？我用「政治」這個詞來轉向完全不同的話題：這是我想談論的議題，而且我認為這對聽眾更有價值。

而就你的情況而言，你在訪談中永遠都應該要記得將話題轉回一件事情上，就是你自己的節目，包括節目的內容、聽眾聽節目普遍的觀感，以及特定幾集節目的一些細節。當然，你必須將這些資訊包裝成吸引人的內容，而不是煩人的廣告資訊。

如果這一切聽起來都很困難和令人害怕，請放心，這會越做越容易。而當你做得好，人們就會喜歡的！

例如，假設你的節目跟鉤針編織有關，我們將這個想像的節目稱為《Crocheting for Macho Men》（硬派男子漢的鉤

針編織）。然後想像你主動爭取擔任某個地方小型新聞節目的來賓，受訪談「全國手工藝月」。主持人在節目上向你提出有關圍巾、帽子和毯子的問題。但是這些一個又一個的勾編手工藝，都與男子氣概或你的節目無關。解決的方法是，利用其中一個主題（例如毯子）將話題轉個彎。

「既然你提到毯子，我覺得這很有趣，因為我認為，毯子是硬漢要嘗試勾編最好入門的項目。來我上我節目的硬漢們常常會告訴我，他們比較不怕做大型的勾編作品，因為錯誤比較不容易被發現。反之，一個隔熱墊上的所有細節，就會被看得清清楚楚！」然後，你可以隨時提起特定某一集節目的內容。

這不是很有趣嗎？這當然很有趣！這對你來說會很有趣，因為你可以談論自己想談論的議題。這對聽眾來說很有趣，因為你為地方新聞節目賦予了他們從其他來賓身上看不到的東西，也就是你獨特的觀點。如果你做得好，你的訪問就會是給所有人一份禮物，這也包括你自己。

找朋友練習！

　　如果你對於做一個好的受訪者沒有把握，請參考所有求職顧問都會給的建議：找朋友幫你練習受訪。請你的朋友問你基本的訪談問題、一些出人意料的問題、和你的專業領域關聯性不大的問題、你不知道答案的問題……等等。在你回答問題時，請記得在答案中加入故事和案例。投入於對話，並且為你的節目說好話。然後不斷回到你主要想闡述的論點上。把整個過程記錄下來，所以你可以回頭聽看看哪些地方是好的，哪些則否，以及思考你可以如何以不同的方式應答。然後，找另一個朋友的練習。你練習得越多，你就會越得心應手。

37

擁抱「Podcast 創作者」的身分

在我最早的某堂寫作課，我記得我的老師告訴我要印我的名片。老師建議名片上要有我的名字、我的電子郵件信箱，和「作家」這兩個字。

我記得我那時想著：「可是我不是作家啊。」除了我的大學論文和學校文學刊物的寫作之外，我沒有任何公開作品。這世界上不會有人認為我是作家，這樣名片上的資訊不就是說謊嗎？

但是我的老師堅持：「如果你不認為自己是作家，其他人也就不會認可你的寫作。接受這個頭銜，這就是你，這也是你希望別人看到的樣貌。」

我也要給你同樣的建議：接受「Podcast 創作者」的頭銜。大聲說出來，讓它在你心中內化。去做你的名片，然後在名片上放上你的節目名稱和職稱（「主持人與執行製作人」）。

但這只是開始的第一步。你還需要去其他 Podcast 創作者會去的地方、和他們討論你的作品，然後讓全世界知道你認真看待 Podcast 的態度。以下這些方法可以讓你達成這個目標：

* 訂閱其他 Podcast 創作者所關注的新聞媒體。例如《Bello Collective》、《Hot Pod News》 與《Podnews》 等。Podcast 產業的新聞資訊，可以讓你了解最新的產業動態，你會知道市場上的大咖是誰，你也會認識新的節目，你也會收到 Podcast 創作者相關的工作職缺、課程、論壇等資訊。簡而言之，這可以幫助你的言行舉止更符合在 Podcast 產業工作的人。

* 加入 Facebook 上的社團。在 Facebook 上面有幾十個 Podcast 創作者和粉絲的社群。在這些社群中，成員會討論包括設備、視覺設計、採訪技巧到他們最喜歡的節目和主持人等等。還有一些社團是以女性、有色人種或是初學者為主，有些社團會稱自己是互助小組。你可以加入幾個社團，看看大家在討論的內容以及每個社團的氛圍。如果你不喜歡一個社團，就離開吧。但是，如果你喜歡某個社團，那就主動一點，向大家介紹你自己和你的節目，並提出問題。參與大家

的討論，幫助他人，也讓自己被其他人幫助。最後，如果你有心的話，你可以找咖啡廳或酒吧，為你所在區域的社團成員舉辦聚會活動。

- 參加講座論壇。在美國的各地，每個月都有有聲節目的論壇，每年也都些新的論壇活動。就跟 Podcast 的 Facebook 社群一樣，論壇的內容差異也很大，重點可能是在 Podcast 的不同領域，也可能是在 Podcast 創作者的不同樣貌。你需要做一些研究，找出哪些論壇的活動內容符合你的需要，哪些講者可以協助解決你的問題。例如，如果你拙於音效設計，你可能需要參加聚焦於製作的論壇。如果你需要協助的，是擴大你的受眾，那就找議程中有很多行銷與宣傳的論壇。另外，請留意一下每個論壇的講者是誰，他們的作品是你崇拜的嗎？他們是你的榜樣嗎？或者，他們是你從來沒有聽過的人？

- 接觸你欣賞的那些人。你可以在論壇的場合和你所欣賞的 Podcast 創作者面對面接觸，當然，你還有其他方法可以認識這些人。所有聯絡我的年輕人，給我的啟發是：你只需要發出電子郵件即可。每個月都會有好幾個人寫信詢問我，他們是否可以請我喝杯咖啡、和我聊聊我的創作，或是

最好的狀況，是他們會提議以某種方式協助我（投入於幫助他們學校的女性和有色人種的聲音被聽見，幫助宣傳我的節目……等等）。他們之中的某些人是透過我主持的節目而認識我的，其他人則是在講座或是課堂上聽過我演說，還有些人是因為他們的教授或同事推薦而找上我。有些時候，我會和他們碰面 25 分鐘，一起喝杯咖啡。其他的，我們可能只會用電子郵件進行交流，他們會在其中問我一些我會回答的問題。最糟的狀況（最近這種狀況越來越頻繁），是我忙到沒有時間和他們互動，但無論如何，至少我開始注意到這個人了。請注意，這些都不是負面的結果！如果你聯繫的對象沒辦法和你碰面，你還是比這之前有進展。無論結果如何，你永遠都該感謝那些回覆你、與你通信或與你碰面的人。馬上對他們表達謝意，並特別提到你從他們那裡學到了什麼，以及你會如何將這些知識應用在達成你的目標。再三地表達你的感謝，並立誓當你的職業生涯上了軌道後，你會把這份恩情回饋給新的 Podcast 創作者。

- 上課。我在前面有提到，你可以透過上課來尋求別人的反饋。但是 Podcast 課程可以給你的價值，不是只有教育和反饋。透過上課，你會認識其他具潛力的 Podcast 創作者，

你會成為這個社群的一員。你讓自己多了一個 Podcast 的指導前輩，也就是你課堂上的講師。盡量發揮這些人脈的價值，在課堂上多問問題，下課後和你的同學一起出去喝飲料，在課程結束後，和老師與同學保持聯繫。而且你不用擔心你會破產，課程的費用因你報名的地方而異，可能很貴、很便宜，或是免費的課程。

- 答應所有的邀約。答應其他同學和講師的邀請，參與他們的聚會。答應參加任何 Podcast 創作者可能出席的社交活動。如果你受邀參加你所在地區的 Podcast 社團，你就答應吧。只要你聽到有什麼 Podcast 的聚會，就去參加吧。如果在未來，有人邀請你坐下來參與對談、分享你的經驗，也請你永遠都要說「好」。

最重要的，是要擁抱你作為 Podcast 創作者的身分。對你自己和你的故事，要有信心。你要知道，稱自己為「Podcast 創作者」的唯一門檻，就是你必須要做 Podcast 節目。開始製作你的節目，然後，製作越來越多的節目。然後，讓你的節目越來越好，盡你所能，因為只有你才能創作出你的節目。

你是一個 Podcast 創作者。我相信你，而且我迫不及待聽你呈現給這個世界的作品了。

相信自己，你可以的！

現在，我希望你們之中的大多數人都已經準備好要放下這本書，拿起錄音設備，然後開始做節目了。如果你就是這樣，那太棒了！擁抱你的聲音，然後將你的聲音和全世界分享！

但是，對於那些仍然緊張，感到不知所措，想知道自己是否可以實現 Podcast 夢想的人，讓我向你保證：你可以的。

這本書已經提供給你基礎的知識，而且你同時還擁有更偉大的東西：你擁有你自己、你的生活經驗和你的觀點。而所有那些讓你之所以成為你，那些獨特、可怕和美麗的事物，都將幫助你，讓你以一種只有你才能做到的方式，去講述你想要說的故事。

無論你現在是兼職的行政助理、高中生還是退休的消防員，這都沒關係。你這輩子從未碰過麥克風，也沒關係。在我成為 Podcast 創作者之前的三十年內，我也從來沒有拿過麥克風，或是剪輯聲音檔案，或是進行訪談。在我這此生的大部分時間，「Podcast」這個詞甚至都不存在。但是回想起來，我這一生都在為了當 Podcast 創作者而訓練自己。讓我

解釋給你聽。

你知道大人總是會問孩子：「你長大以後想做什麼？」

對我來說，我的答案幾乎總是與寫作或藝術有關。我喜歡畫畫、寫詩和讀故事，但我不知道自己到底想做什麼。即使我在高中的那幾年都在唸文學，我在大學的時候都在做電影研究（同時還做基層的全職和兼職工作來支付帳單），我還是不知道。

我大學畢業後的第一份工作是在一家非營利組織，這個組織透過電話教授課程並營運互助小組。大多數的學生都是出不了門的，很多是老年人，有些是殘疾人士，還有一些人患有愛滋病。

我一開始是行政人員，媒合學生和課程，和老師溝通，並抄寫課程大綱。但是幾個月後，我也開始教課。在此之前，我從未教過書。我曾經是保姆和女服務生。當你打電話客訴從型錄訂購的商品時，我曾經是那個接電話的人。我曾經是大學記者、行政助理、加油站服務員和五金硬體設備銷售員。我可以肯定地說：「我沒有當過老師。」

但是我意識到，在我教學的獨特環境中，我的專業能力的重要性，不如我讓學生大笑、緬懷往事並和社會更有連結

的能力，我讓他們得以跳脫他們的公寓或是療養院的房間。

我工作的非營利組織允許我，用任何我想教的主題，自己設計課程。我選擇了電影和電視史，這是我在大學裡深入探索的一門學科，也是我一生所愛的科目。以每十年為一個階段，我會在每週回顧電視史上的不同階段，並討論那時美國文化所發生的事。學生對於我們討論的電視節目都有深刻的印象，他們對當時期自己的人生故事也如數家珍。

這些課程沒有打分數，學生學到的東西其實很少。但是，我總是認為，我的課程幫助學生凝聚了一些社群的意識，也賦權給他們。當然，我的大多數學生都無法離開家門，但他們所有人都可以打開電視，跟著電視回溯自己的回憶。在每一週，無論我們討論的是露西‧里卡多（Lucy Ricardo）還是阿奇‧邦克（Archie Bunker），我都在試圖傳達同樣的訊息：消費媒體資訊的行為，就是一種參與。在歷史上、在社會上所發生的文化辯證中，以及以消費者為導向所推動美國經濟持續發展的體制中，都是如此。

我樂於透過電話授課。但這不是我的人生夢想，但是我也不知道自己的夢想是什麼，我只知道我喜歡講故事，也喜歡與人建立連結，也喜歡做和歷史有關的事情。一年半不到

的時間，我就辭職了。

那時我還不知道，我的這第一份工作會賦予我 Podcast 創作生涯中最重要的一些技能。而當我回顧過去，我每一份過往的工作經歷也都有幫助我的 Podcast 生涯，這也包括擔任人們透過電話對我大罵的冷靜客服專員，以及管理時間表的行政助理。而且我敢打賭，你到目前為止所做的一切，也會對你有所幫助。

我在對你說話，你們這些精於激勵小朋友的全職父母。我在對你說話，所有的五金硬體設備銷售女孩，你們有和陌生人交談的本領，讓嚇人的工具顯得容易操作（五金女孩，我為妳們歡呼）。我在對你說話，所有從未踏進錄音室，或是從未寫過腳本，或是從未剪輯過任何一個音軌檔案的人。

你具備你所需要的能力。過去至今你所做的一切努力都讓你做好了準備。你可以的！

致謝

　　首先，我要感謝所有鼓勵我寫這本書的人。在我開始坐下來打字的一年多以前，我的好友與人生導師格蕾琴・魯賓（Gretchen Rubin）將這個想法植入了我的腦中。她以深具個人風格的熱情說：「你是世界上最適合寫這本書的人！」

　　我親愛的朋友和主持搭擋喬蘭塔・格林伯格（Jolenta Greenberg）從那時開始接受了這個想法，堅持我具備寫這本書所需的條件。然後，她將想法化為具體的行動，她介紹我給她的經紀人，也就是傑出的莉茲・帕克（Liz Parker）。

　　從第一天開始，莉茲・帕克就非常熱情洋溢且全力支持我，協助我的提案，將我的書介紹給出版社，讓我與威廉・莫羅出版社（William Morrow）偉大的工作夥伴一起實現我的夢想。

　　感謝我在威廉・莫羅的編輯，傑出的凱西・瓊斯（Cassie Jones），以及謝謝那裡的所有其他人。感謝他們幫助我，讓

這本書變得更好，但同時又忠於我的願景。他們在這本書上所給予的關心、創造力和熱情令我驚訝。

非常感謝我的丈夫迪恩‧麥克羅比（Dean McRobie），他幫助我將 Podcast 經銷的技術部份轉變為易於理解的語言。以及，我非常感謝獨一無二的 Podcast 創作者米歇爾‧西格爾（Michele Siegel），他為這整件事情提供了不同的視野。

我還要感謝在紐約公共電台（WNYC）的所有前同事，在我剛開始製作與主持節目的時候，他們給了我最好的新生訓練。有太多需要感謝的人了（我可以列出一百個名字），但是我要特別感謝帶我踏進紐約公共電台（WNYC）的喬爾‧邁耶（Joel Meyer），以及率先和我一起坐下來，教我如何對著麥克風講話與操作 DAVID 剪輯軟體的吉姆‧柯爾根（Jim Colgan）以及傑伊‧科威特（Jay Cowit）。我也要謝謝安‧賽尼（Ann Saini），她放棄了整個週末的假日，教我如何使用 Hindenburg 剪輯軟體。我也非常感謝艾力克斯‧強森（Alex Johnson），他是第一個對我說：「你聽起來就是你自己，這就是為什麼你的表現非常棒。」

非常感謝我在 Panoply 平台的非小說節目團隊：蘿拉‧梅耶（Laura Mayer）、米亞‧洛貝爾（Mia Lobel）、

薩姆・丁曼（Sam Dingman）、林・迪莉（Ring Dilley）、（Ring Dilley）、安德里亞・西倫茲（Andrea Silenzi）、亨利・莫洛夫斯基（Henry Molofsky）克里斯・貝魯貝比（Chris Berube）、瑪麗・威爾森（Mary Wilson）、琳賽・克托維爾（Lindsey Kratochwill）、卡麥隆・德魯斯（Cameron Drews）、維拉琳・威廉斯（Veralyn Williams）、珍妮佛・賴（Jennifer Lai）、傑森・德里昂（Jayson DeLeon）、奧德利亞・魯本（Odelia Rubin）、A・C・瓦爾迪茲（A. C. Valdez）、雅各・史密斯（Jacob Smith）、丹・布魯（Dan Bloom）、埃菲・夏皮羅（Efim Shapiro）、伊夫・奧盧霍比（Ife Olujobi）、瑪格麗特・凱利（Margaret Kelley）、喬丹・貝爾（Jordan Bell）、漢娜・克普（Hannah Cope）、伊拉娜・米勒（Ilana Millner）、薩米・亞當斯（Samiah Adams）、克里斯蒂・米拉巴（Christy Mirabal）、莎拉・賓利（Sarah Bentley）、貝蒂娜・沃蕭（Bettina Warshaw）、卡莉・米利歐里（Carly Migliori）、傑森・甘布雷（Jason Gambrell）、埃凡・維奧拉（Evan Viola）、麗莎・菲斯坦（Lisa Fierstein）、妮可・邦蒂斯（Nicole Buntsis）和蒂娜・特蘭（Tina Tran）。你們不僅教會我如何成為更好的主持人，還教了我許多關於 Podcast

的商業模式以及同時管理專案和人的藝術。

還要感謝我在 Stitcher 的新家庭，當 Panoply 宣布終止其內容部門時，他們以此契機而讓我加入這個大家庭，我要特別感謝克里斯‧班農（Chris Bannon）、Kristin Myers（克里斯汀‧邁爾）、Nora Ritchie（諾拉‧里奇）、賈德‧歐康納（Jared O'Connell）和凱西‧霍爾福（Casey Holford）。

因為所有我合作的主持搭擋，我才有今天的成就。他們也都非常有才華，這包括雷夫‧高茲曼（Rafer Guzman），非常謝謝你十年前同意讓我當你的主持搭擋，感謝你不斷幫助我進步，也讓我看到，和喜歡的人在麥克風前聊天可以那麼有趣。以及詹姆士‧巴爾（James Barr），我希望有一天，所有和你一樣有才華的人，也都能擁有你的善良和專業表現。我也要再次對喬蘭塔‧格林伯格（Jolenta Greenberg）表達感謝，你的幽默、活力和承認脆弱的特質，永遠不會讓我失望。因為你們，我才能變成更好的主持人與更好的人。

感謝所有在媒體的超級英雄，你們看到我這幾年來站在梯子的底部，就向下伸出你們的手，將我往上拉。這包括凱莉‧多納修（Kerry Donahue）與凱莉‧霍夫曼（Kerri Hoffman），以及她們所號召的一群快樂的女性有聲節目

超級巨星。以及葛拉漢‧格里非斯（Graham Griffith）、茱恩‧湯瑪斯（June Thomas）、塞萊斯特‧海德利（Celeste Headlee）、哈爾‧蓋斯納（Hal Gessner）、凱特琳‧湯普森（Caitlin Thompson）、安‧赫珀曼（Ann Heppermann）、以及，我要再次感謝令人讚嘆的蘿拉‧梅耶（Laura Mayer）與克里斯‧班農（Chris Bannon），這還只是少數。

也要感謝所有的聽眾，你們支持我的作品，寫信建議我可以如何改善，並且在這一路上都鼓勵著我。我永遠感謝你們。

最後同樣重要的是，我要感謝我的家人，以及再次謝謝我的丈夫迪恩。迪恩，你是世界上最棒的啦啦隊長，也是最會解釋困難事情的人。我喜歡和你討論我的工作、像是團隊一樣一起解決問題，並且知道你永遠都會支持我。謝謝你，謝謝你。

高寶書版集團
gobooks.com.tw

新視野 New Window 218

開始 Podcast
千萬收聽製作人教你內容規劃、主持、上架指南
So You Want to Start a Podcast

作 者	克莉絲汀・梅因澤 Kristen Meinzer
譯 者	曾琳之
責任編輯	吳珮旻
封面設計	木木 Lin
排 版	賴姵均
企 劃	何嘉雯

發 行 人	朱凱蕾
出 版	英屬維京群島商高寶國際有限公司台灣分公司
	Global Group Holdings, Ltd.
地 址	台北市內湖區洲子街 88 號 3 樓
網 址	gobooks.com.tw
電 話	(02) 27992788
電 郵	readers@gobooks.com.tw（讀者服務部）
	pr@gobooks.com.tw（公關諮詢部）
傳 真	出版部 (02) 27990909 行銷部 (02) 27993088
郵政劃撥	19394552
戶 名	英屬維京群島商高寶國際有限公司台灣分公司
發 行	英屬維京群島商高寶國際有限公司台灣分公司
初版日期	2021 年 01 月

國家圖書館出版品預行編目（CIP）資料

開始 Podcast：千萬收聽製作人教你內容規劃、主持、上
架指南 / 克莉絲汀・梅因澤 Kristen Meinzer 著 . -- 初版 . --
臺北市：高寶國際出版：高寶國際發行 , 2021.01
　面； 公分 . -- (新視野 218)

譯自：So you want to start a podcast

ISBN 978-986-361-968-0 (平裝)

1. 廣播節目製作

557.766   109019962